私はこうして勉強にハマった

ビリギャル本人
さやか

sanctuary books

PROLOGUE

あなたはまだ
「がんばり方」
を知らないだけ。

勉強ってしんどい。
「どんなにがんばってもどうせ無駄」
「勉強ができる人は、結局地頭がいいだけ」
なんて思えてきて、
全部投げ出したくなるときもある。
勉強する意味や、
勉強の面白さが
わからなかったらなおさら、
勉強時間って、ただの「苦痛な時間」だよね。

少なくとも私はそうだった。
私はまっっったく
勉強ができなかったし、
できるようになりたいとも、思ってなかったし、
勉強ができない私を見下す人たちを、
こっちから見下してもいた。

それどころか、
なんで勉強しなきゃいけないのか
本当はよくわかってないくせに、
なんでも"勉強の出来"だけで
判断するような人たちが大嫌いで、
「勉強なんて絶対やるもんか！」
と謎の決意をしてたくらい。

ただ、
認めたくはなかったんだけど、
そのときの私は、
自分の人生を心のどこかで
諦めてもいた。
まあ、よくてそこそこ、
最悪生きてりゃいいか、って。

あなたはどう？
「勉強やりたくない」
「勉強うまくいかない」
と感じてしまってる？
それなら「むしろすごいチャンスかも！」
って教えてあげたい。

勉強ができる人はなにも特別な人間じゃない。
勉強ができる人はただ
「正しい努力の仕方」と
「努力する楽しさ」
を知っているだけ。

大丈夫、あなたもきっとそうなれるから。
そして一度でもその感覚をつかんじゃえば、
自分でもびっくりするような、
ものすごい能力を発揮できるような人になれるから。

どんな人でも、勉強にハマれる。
これは本当。自信を持って言える。

かつての私が、そうだったように。

そのために
知っておいてほしいこと。
それをあなたに伝えるために、
この本を書きました。

はじめに

あなたも勉強にハマれる！

はじめまして。

「ビリギャル」こと、さやかです。

　私の恩師・坪田信貴先生が書いた本『学年ビリのギャルが１年で偏差値を40上げて慶應大学に現役合格した話』、そして有村架純さん主演『映画ビリギャル』の主人公モデルにしてもらった、「ビリ」で「ギャル」だった人間です。

　勉強は学年ビリ、偏差値は全国模試で30以下。

　分厚いメイクに派手なネイル、ギリギリまでスカートを上げてへそを出し、停学を何度も繰り返していた、学校の先生たちに真っ先に嫌われる「ギャル」だった。

　その当時の私の学力がどれくらいヤバかったかというと、先生から「日本地図をざっくり描いてみて」と言われてこんなふうに描いたくらい。

　他の教科ももちろんヤバかった。

　英語でいったら、「Japan」は日本語で言うとなに？　と聞かれて「ジャパーン」（答えは日本）と答えたし、「Hi! Mike（やあ、マイク）」っていう英文は「ヒー！　ミケ」と読めたから、「とても猫にビビっている」と訳したし。

　日本史なんかは、「聖徳太子」を「せいとくたこ」って読んで、きっと太ってるからこんな名前つけられたんだろうなあかわいそう……と同情してたし。

　国語で覚えているのは、「この言葉には、主人公のどんな心情が込められていますか？」というタイプの問題と出会うたびにイラッとしてたこと。そんなの主人公に聞くしかないじゃん。

　理科や数学にいたっては……わかんなすぎてずっとトイレにいた記憶しかない。

おかげで友だちや先生からは「さやかってバカだよねー」と笑われ続けていたし、私も「ほんとだよね〜だから一生勉強なんてしないよ〜」と謎の決意をしていて、このままゆるゆるとお気楽な大人になっていくものだと思ってた。

　そんな私が高校2年の夏、当時塾講師だった「人をやる気にさせるマジの天才」坪田信貴先生と出会い、「やばい……こんな大人に私もなりたい！」と突然勉強に目覚めてしまったわけです。

　そして「お前は地頭が悪いんだから絶対に無理だ！　やめておけ‼」と周囲に全力で止められながらも、「おまえら全員見とけよ」と完全勉強モードに突入した私は、髪も真っ黒に染めて化粧ポーチも捨て、学校と塾の往復しかしなくなり、「さやかはついに狂ったか……」と友だちや先生が次々と引いていく中、偏差値を上げて上げて上げまくって（結局40上がってた）、何十万人というライバルたちをごぼう抜きして本当に慶應に合格しちゃった。

当時の私に、一体なにが起きたのか……？

　この話を知った人たちの多くはこう言いました。
「さやかちゃんは、地頭が良いんだよ！」
　ええ?!　「おまえは地頭悪い」って死ぬほど言われてきたのに、慶應に受かった途端に逆のこと言われ始めたよ‼

なにそれ!!!　ってまじで困惑しました。まじでどういうこと ???

　そういえば昔、坪田先生がこんなこと言ってた。

「断言しよう。君がもし、本当に慶應に受かったらね、周りの人は途端にこうやって言い出すよ。『さやかちゃんは元々頭が良かったんだね』って。

　逆にね、君がこのまま全力でがんばって同じだけの努力をして、慶應に受かるだけの実力をつけたとするじゃん。でも、慶應の受験当日、君が運悪く熱を出して、頭がボーッとしたりして実力が発揮できなくて、不合格になったとしようか。つまり、プロセスはまったく一緒で、結果だけが違ったとする。

　そしたら周りの人はなんて言うか？『ほら、どうせ無理だって言ったじゃん！』って、言うんだよ。つまりね、人って結果からしか判断しない。どれだけ下から這い上がってきて、死にものぐるいでがんばっても、そのプロセスなんてどうでもいいんだよ。

　でもだからこそ、君に伝えておきたいんだ。**君が『死ぬ気でなにかをがんばって、これをやり遂げた』という経験をもっていること。それこそが、君の、一生の宝物になるよ。**だから、周りの声は気にせずに、思いっきり走ればいいよ」

　人は、結果からしか判断しない。これは、本当だった。

そしてさらに困惑させられたのは、地頭良いとか悪いとか、そういう言葉にはなんの意味もないし、なんの科学的根拠もなかったということ。なのに結局成功したら「元々DNAがいいんだわ」とか言われて、失敗したら「ほら無理っていったじゃん」って言われるだけ。なにそれ？　だったらそんなの無視でいいでしょ。なのに、多くの人は、この言葉に一喜一憂させられてる。

　そこでムカついたビリギャルは、アメリカのニューヨークにあるコロンビア教育大学院っていうところに通って「認知科学」っていう学問を研究することにした（ちなみにここに入るため、コロナ禍にまためっちゃくちゃ英語を勉強して、人生二度目の大きな受験を経験した）。これは、「人がどうやって考えたり、学んだり、覚えたりするのか」を研究する学問なんだけど、なんでビリギャルがあんなにがんばれたのか、どうしたらみんなもあんなふうにがんばれるのか、この認知科学を何年も勉強しながら考えた。

　そしてね、ついにわかってきてしまったんです。誰でも「勉強ができる人」になれる方法が。坪田先生が当時の私に、なぜあの言葉をかけたのか。どうしてあの順番で、あのやり方で勉強させたのか。すべては、科学的根拠に基づいたものだったとわかりました。
　やっぱり、私が学力を急激に伸ばせたのは「私の地頭がよかったから」なんかではなく、一定の法則に基づいてい

たからです。この本は、その法則をみなさんにも伝授するものです。

「自分は勉強が苦手」と思い込んでるそこのあなた。あなたの頭が悪いんじゃないです。「がんばり方」を誰にも教えてもらったこともなければ、真剣に勉強をがんばって、納得できる成果を得た経験がないだけです。周りにもきっと色々言われたでしょう。テストの結果だけを見て、「あんたは勉強できないね」って。それで余計に強く信じ込む。「ああやっぱり自分は勉強ができない……」って。でもそれは、ただの間違った「思い込み」です。そしてその思い込みは、あなたを勉強に向かわせるモチベーションを奪ってる。

だから、もうその負のスパイラルを一緒に抜け出そう。やり方は単純。一度、結果を出せばいいんです。そしたら自信もついて、周りの評価も変わる。そしたら、どんどん勉強のパフォーマンスも上がります。

結果を出すには「正しい努力」をすればいい。
そして正しい努力に必要な要素はたった3つ。
「モチベーション」と「戦略」、そして「環境」です。

「あ〜勉強しなくちゃなぁ……」と、なんとなく周りに流されて、明確なゴールもなく勉強していても、良いパフォー

マンスは期待できません。効率よく、効果的な勉強を長期間続けるためには、それに見合った「モチベーション」が要ります。

　仮に、うぉっしゃあ勉強するぞ！っていう気持ちになっても、手当たり次第参考書を開いたり、問題を解いていても効率が悪すぎるから、最短ルートでたどり着くための「戦略」も必要です。

　どれだけやる気があって、戦略が正しかったとしても、スマホから通知がきまくってたり、親にストレスを感じていたりしたら気が散って勉強できないよね。勉強に集中できるような「環境づくり」も不可欠です。

　別の言い方をすると、目的地までの最短ルートとスケジュールを決めて（正しい戦略）、あらゆる障害物を取り除いて（正しい環境）、十分なガソリン（正しいモチベーション）を用意さえすれば、誰だって目的地にたどりつける。

　あとは進むか、止まるか、それだけなんです。

目次
CONTENTS

CONTENTS
目次

PART 3　戦略編

Strategy

PART **4** 実践編

Practice

PART 5 環境編

Environment

学びは、未来への
最高の投資である。

PART 1

勉強を始める前に

Preparation for Good Studying

「勉強」は「暗記」ではないことを心得よう

　わかるよ、勉強なんて意味ないじゃん、と思う気持ち。正直、私も坪田先生に出会うまで、さっぱりわかりませんでした。「もう死んだ侍の名前覚えてなんになるの？」「英語？　ここ日本なんですけどぉ??」といちいちツッコミを入れてました。だけど、勉強してみて色々わかったことがある。まじでこれは衝撃の事実なんだけど、なんと私たちが学校で学ぶあれ全部、実はちゃんと意味があったっぽいのです。

　「なんで勉強しないといけないんだろう？」「こんなのなんの役に立つんだろう？」と思いながら勉強していてもあまり身にならないので、いろんな話をする前に、まず「なんで勉強するのか？」「勉強した先に一体なにがあるのか？」を考えてみよう。

　勉強って、日本の受験システムの中にいるとどうしても「暗記」を連想してしまいがち。そして、「テストのために覚えて、テストが終わったら忘れる」という現象を頻繁に経験する。その、テスト前にあなたの頭に一瞬だけ入った一時的な知識を「使えない知識」と名付けましょう。
　言い換えれば、日常生活ではなんにも活かせない知識。

本来活かせるような場面に遭遇しても、あなたはその知識とその場面をつなげることはできない。

こんなんじゃ、「これ覚えてなんになるんだよ、意味ねえじゃん」とあなたが思うのも当然です。なぜかって、「点」で覚えてるだけだから。**知識って「点」だと意味ないからね。なにか別のものとつながってはじめて、新しいものが見えたり、新しい価値が生まれたりするものだから。**

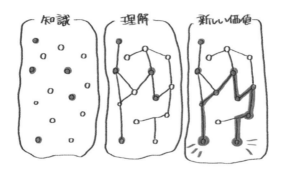

そしてもうひとつ、ただ大量に「点」をいっぱい頭に詰め込むような暗記を、まじでもうオワコン化しようとしてる存在があります。AIやロボットたちです。

彼ら（AI）は「暗記する」ということにおいては、もう人間が追いつけないくらい長けてるし、こう言ってる今もものすごい速さで進化してる。私たちは彼らにはもうたぶん一生勝てない。しかもその能力の差は開くばかり。だから、ただ「テストのために暗記して、テストが終わったら忘れちゃう」みたいな勉強は、はっきり言ってもう、いよいよ意味なくなってきています。だったらその暗記の天

才たちである AI やロボットをうまく使いこなすためのスキル（検索力とかプログラミングとか）を鍛えたほうがよくない？　っていう流れがあるのは、そのためなんだね。

「使えない知識」と「生きた知識」

意味があって、かつ効率よく勉強するための重要なポイントは、どんな教科であっても、「思考する」ことと「理解する」ことです。ここを意識するだけで、記憶の定着率も抜群に上がる。

　例えば、「坂本龍馬」っていう歴史上の人物を覚えようとしているとき。ただ単に「坂本龍馬」という「単語」を何度も紙に書いたりして暗記しようとするのは、めちゃくちゃ面白いドラマを、音声なしかつ白黒で、しかも中盤の5分だけ見る、みたいな感じ。そんなつまんないことある？これじゃあ記憶に残らなくて当然。

　こういう勉強の仕方している人めっちゃ多いんだけど、これで覚えられるのは逆にすごいです。退屈だし超非効率だけどあんまり意味ないことを必死でがんばってる人、って感じ。こうやって覚える知識が、まさに点にしかならない「使えない知識」。

「思考」と「理解」をしながら勉強するってどういうことかって言うと、点と点をつないで線にしていって絵を描くイメージ。

　坂本さんは、もう死んじゃって随分経つのに、なんで今もヒーローみたいに扱われてるの？　一体なにを目指していた人で、実際になにをした人なの？　どんな人たちとつながっていて、どんなことに貢献したの？　どんなふうに死んじゃったの？　もし坂本さんがもう少し長く生きていたら、どんなことが起こっていたかもしれない……？

　こういうことを問いかけながら、音声も色もちゃんとあって、登場人物も個性豊かで面白いドラマを楽しむ感覚。こうやって、「坂本龍馬」をいろんな角度から見て、いろんなものとつなげながら勉強することで、坂本さんにまつわるいろんな出来事や関連人物がいやでも勝手に覚えられちゃう。
　知識とは、こうして点と点がつながって、色がある絵を描けるものであるべきです。これを「生きた知識」と名付けようか。この「生きた知識」をたくさん持っているとどうなるかっていうと、あなたの人生が格段に面白くなるし、しかもライフハックしまくれる。これが、私が強調したい「勉強する意味」のひとつです。

　私の地元にある「名古屋城」、一度知識ゼロのギャルだっ

たときに行ったことがあるんだけど、なにが面白いのか1ミリもわかんなくて、10分で帰ったんだよね。あんなところにわざわざ行く人は相当暇な人なんだろうなと思ってた。でも、歴史をちゃんと勉強してからもう一度名古屋城を訪れたとき、「城、おもろぉぉ！」ってなった！　徳川家が豊臣家と緊迫状態にあったときに、わざわざ大坂の方向を向いた城を名古屋に建てた。これは「来るなら来いよオラァ！」というライバルへのメッセージなのではないかと言われてるらしい（なにその壮大過ぎる威嚇の仕方ウケる笑）。

　この城を舞台に、どんな歴史的な出来事が起こったのか、どんな戦いがここで行われて、どんなドラマがあったのかを理解すると、それまで自分にはなんの意味ももたなかったものが、突然色鮮やかに、くっきりとドラマチックに見えてくる。

　歴史の話ばっかりしちゃったけど、他の教科でも同じことが言えるようだよ。化学や物理をちゃんと勉強していると、私たちが生きている世界で起こるいろんな現象を理解

できるだけでなく、熱やエネルギーを使う料理で生きる知識だって得られる（私一回理科の知識無さすぎて料理してたら爆発して天井に穴開けたことある）。数学や現代史の生きた知識を持ってるか持ってないかで、今日見るニュースの理解度が違って、なにか自分たちの生活を変化させちゃうような大きな出来事（政治や経済での大きな動きもだし、コロナや地震などの天災もそれだよね）が起きても、自分と自分の家族を守れる対策がとれるし、もっというとそういうのに備えておくことだってできる。

　去年の夏ひとりでヨーロッパを旅してたんだけど、このとき「英語」というスキルの価値の高さを思い知ったね。もし英語ができなかったら、食べたいものも注文できなければ、行きたい場所にもたどり着けない。

　学校の先生は超絶忙しいので、あなたたちが学校で学んでいることが実際にどんなふうに日常生活とつながっているかをひとつひとつ教えている余裕はないんだけど、実際はちゃんと、すべてあなたの生活で「生きた知識」となり得るものです。

「テストのための暗記」にするのか「生きた知識」にするのかは、あなたの勉強の仕方次第。テストで高い点数を取るためにも、後者の勉強の仕方のほうが圧倒的に強いです。

成功者のマインドセットをインストールしよう

　突然ですが、以下のそれぞれの考えについて、あなたはどのくらい賛成するか（強く賛成・賛成・ほぼ賛成・ほぼ反対・反対・強く反対のいずれか）を教えてください。

・自分はそこそこ賢く、それは今後も変わらない。
・「知能」とは元から備わっているもの。
・どんな人間だって賢くなれる。
・正直言って、バカはバカのまま。
・何歳になっても知性は磨ける。
・新しいことを学ぶことはできるが、知能そのものは変わらない。
・どれだけ能力が低くても、いくらでも伸ばせる。
・生まれつきの能力は変えられる。
・あなたには一定の才能があり、それを変えることは困難。
・（スポーツや音楽など）ある分野における才能とは、変えられない基本的なもの。
・誰だって自分の限界は超えられる。
・結局のところ、「才能の量」は増えない。
・能力はいつでも大幅に伸ばすことができる。
・新しいことを学ぶことはできるが、生まれ持った素質は変わらない。

・いまの自分のレベルがどうであれ、いくらでも伸ばせる。
・持って生まれた素質さえ、大幅に変えることができる。

参考　Dweck, C. S. (2006). Mindset: The new psychology of
success. New York: Random House Inc. より意訳して抜粋

**47 ページに採点の方法がかかれているので、それで採
点してみてね。**あなたが持っているかもしれないマインド
セットがわかります。

　私がここでやりたいのは「自分は頭が悪いから、どんな
に勉強しても無理……」という、あなたが今持っているか
もしれない信念をぶっ壊すことです。なぜなら、この信念
を持っていると、正しい努力の仕方を学んだところで、本
来の実力を発揮できないから。それくらい、あなたが持っ
ている「自分の能力に対する信念」は、あなたの勉強の質
を決めてしまいます。
　嘘みたいな怖い話だけど、本当です。

　先の質問で採点してみて、点数が高めだった人は、はっ
きり言って「間違った思い込み」をしています。この思い
込みは、あなたの勉強のパフォーマンスを下げるだけでな
く、そもそも勉強に向かうモチベーションすらあなたから
奪っている、めちゃくちゃ邪魔な存在。あなたの成績不振
は、もはやこの思い込みのせいと言っても過言ではない。
この思い込みがどんなふうにあなたからいろんなものを吸

い取っているか、もうすこし具体的に想像してみましょう。

　あるとき、自分なりにまあまあがんばって勉強したはずのテストが、思った以上に点数が悪かった。一方、同じクラスのあの子は今回もクラスで一番の点数をとったっぽい。

　ここでその人は、こう考えるかもしれません。「自分は頭が悪いから、やっぱり勉強は苦手なんだ」「あの子は元から頭がいいからいい点数をとれるに違いない」「いくら努力してもこの差はもう縮まんない」「もっと賢い両親から生まれてきたかった」。こんなふうに考えると、一生懸命勉強するのが心底アホらしく思えてくる。その結果、努力することも、なにかいい方法を探そうとすることも、試そうとすることもしなくなります。

　するとどうなるかっていうと、たとえ自分にぴったりの勉強法と出合ったとしても、「まあ、それもあんま意味ないだろう」と思い込んで素通りする。
　だって、なにをやっても、もう無駄だと思い込んでいるから。こうしてるうちに、学校の勉強にもどんどんついていけなくなってサボりたくなり、一回サボると次の範囲はもっと意味不明になる。もちろんテストの点数も散々で、「ほら、やっぱり私は頭が悪い」という思い込みをひたすら強化していく。そしてますます努力しなくなる。

　こんなふうに、「**人の能力は生まれつき決まっていて、努力したって変わらない**」という思い込みのことを、**固定マインドセット（Fixed Mindset）と言います。**

　このマインドセットを持っている人は、失敗したときに「自分の能力・才能不足」のせいにする傾向が強いため失敗経験をしたときに心が折れやすい。そして、人からのフィードバックを嫌がる傾向にあり、努力をやめちゃいやすいので、当たり前だけど成功率は低くなります。

　反対に、挫折や障壁を前向きに捉え、さらにそこから学んで努力を継続できちゃう人もいます。失敗を自分の「努力不足」とみなし戦略を修正するから、これまた当たり前だけど成功率が高くなる。このように、他者からのフィードバックなども活かしてパフォーマンスの向上を目指すことができる人は、これとは反対の**「成長マインドセット（Growth Mindset）」**を持っています。これは、**「努力やトレーニング次第で、人の能力って伸ばせるよね！」という信念のことを言います。**

　成長マインドセットを持っている人は、きっとこの状況をこう捉えてこう行動するはず。「自分の戦略のなにが間違っていたんだろう？　もっといい方法があるに違いない。いつもテストでいい点数をとっているあの子にちょっと聞いてみようか」。そしてその子に声をかけてみたら、「一緒に勉強する？」なんて誘われて、テスト前の週末は図書

館で一緒に勉強するようになった。その子と勉強してると「へえ、そんな勉強法あるんだ！」って、自分ではやったことなかったような勉強の仕方を知れて、やってみると確かにちょっと理解しやすい気がしないでもない。それを試しに家でもやってみることにして、気づいたら毎日１時間勉強するのが日課になった。そしたら、次のテストでとったことないような良い点数がとれちゃった！

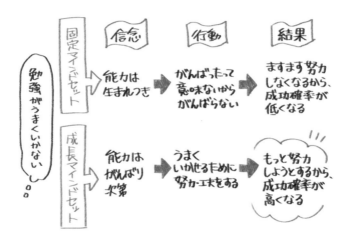

こういうふうに、人の「信念」や「マインドセット」というのは、人の行動を変えます。行動が変わると当たり前だけど、得られる結果も変わります。

だから、「自分の能力に対してどんな信念を持っているか」はなによりも大事なの。あなたがこれから勉強できるようになるためには、この「成功者のマインドセット」、

つまり成長マインドセットをまずインストールしてもらう
必要があります。

脳はこうして変化する

　ちょっと思い出してみてほしいんだけど、あなたにも「で
きなかったことができるようになった経験」が、たくさん
あると思います。例えば、最初は上手く乗れなくてコケま
くっていた自転車に今では楽々乗れちゃうようになってい
たり、今はスマホ達人みたいなあなただけど、初めてスマ
ホを手にしたときはいまよりももっと時間をかけて操作し
たりメールを打ったりしていたはずです。
　「前はできなかったことが、なんかできるようになった」
みたいな、こういう現象はどうやって起こっているかと言
うと、あなたの脳みその中で、ある変化が起こっているか
らなんです。

　例えるなら、あなたの脳の中にはたくさんの小さな部屋
があって、それぞれの部屋には「ニューロン」っていう特
別な生き物が住んでる。このニューロンくんたちは、シナ
プスって呼ばれる小さな窓を使って、メッセージ（電気信
号）をお互いに送り合ってる。

このメッセージが伝達されることによって、「メールを打ちたい」→「じゃあ指はこうやって動かして」みたいな命令が、脳の神経から別の脳の部位や身体に送られる。こうやってあなたの頭や身体は動いてるわけです。

　あなたがなにかを繰り返し練習したりすると、同じニューロンくん同士で何度もやりとりすることになる。そうすると、その担当ニューロンくん同士が使う窓（シナプス）が大きくなったり、その経路で使う窓の数が増えたりする。

　これは「長期増強」と言って、メッセージがより速く、強く確実に伝わるようになる。こうなると、私たちが情報を効率的に学び取って記憶して、「前はできなかったことができる」ようになったり、記憶が定着しやすくなったりします。

　でも逆に、あんまり使われない窓は徐々に小さくなっていったり、時には「もう要らないね？」って判断されて閉じられちゃったりもする。これを「長期抑圧」と言って、使わない情報やスキルを忘れさせる役割を担ってる。どうやらニューロンくんたちは、使わない窓を開いておくより、そのスペースをもっと使う窓にあてたほうがいいじゃん？　っていう方針のようだね。

　つまり、あなたが自転車に乗るための動作をとれるようにするためには、まずあなたの脳があなたの身体に「こう

やって動いて！」とメッセージを送る。でも、最初は慣れていないもんだからうまくメッセージが行き届かなかったり伝達が遅かったりして、ちゃんと身体が動かせない。でも、何度もコケまくりながら練習してると、だんだんニューロン同士の伝達が上手く、速く伝わるようになって、そんなに意識しなくても身体がサッと思ったとおりに動くようになる。これは、たくさんの練習によってニューロン同士のメッセージの伝達が強化されたからなのです。

　これがまさに、「学ぶ」ということ。 こうやって、私たちの脳は生まれたその日から、いろんな刺激や経験を通して成長し続けているんです。

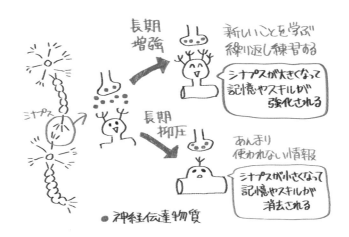

　これを「脳の可塑性（かそせい）」と呼びます。この仕組みがあるからこそ、私たちはどんなスキルや能力も、練習によって伸

ばすことができる。だから、「地頭が悪いから勉強ができない」というのはただの言い訳です。ちゃんと正しい方法で勉強（トレーニング）をすれば、誰もが過去の自分よりも勉強ができるようになっていきます。

　ただし、人によってどれだけこのトレーニングをすべきかが異なるのは事実。これは持って生まれた特性（DNA）の影響もあれば、これまでそのトレーニングをどのくらいの期間怠ってきたか、そして今のあなたのレベルと目指しているレベルとのギャップはどれくらいか、などの条件による影響もあるからです。

　ここで私が強調したいのは、「人は誰だって、望めば過去の自分より成長できるよ」っていうシンプルなことです。**勉強できるようになりたいなら、常に比較対象を「あなたではない他の人」ではなく、「過去の自分」にしてください。「成長できた！」「できるようになった！」とあなたが思えるその体験は、あなたの目標を叶えるための重要なエンジンになるからです。**

地頭は、鍛えられる

　私はビリギャルとして知られるようになって以来、なぜだか全然知らない人から「さやかちゃんは地頭（じあたま）が良いのよぉ」と言われまくりすぎて、「まじで地頭って一体なんなの？」って半ギレでこの言葉について調べてみたことがある。「地頭良いのよぉ」の人たちも、あんまり意味わかってないままなんとなく使ってる感満載なので、ここで一緒に確認しておきましょう。

　そもそも英語では「地頭」という言葉に該当する英単語がないっぽいので、どうやら日本人が作った言葉のようだ。で、最初にこの言葉を世の中に広めたのは、ビジネスコンサルタント（スーパー問題解決屋さん）の細谷功（ほそやいさお）さんという方らしい。この方いわく、人間の知的能力には3種類あって、「知識力」「コミュニケーション能力」「考える力」なんだそう。細谷さんは「知識力」と「コミュニケーション能力」は地頭とは言えないよーって言ってる。3つ目の「考える力」こそが、「地頭」なんだって。

　さらに、この「考える力」をさらに6つに分けることができるらしい。ちょっと漢字多くなるけどごめん、いくよー。

1. 知的好奇心（なんにでも興味を持って探究する気持ち）
2. 論理的思考能力（物事を筋道立てて考える力）
3. 直感力（瞬時に物事を理解してアイデアを出せる力）
4. 仮説思考能力（今ある情報や状況から「こうかな？」と仮説を立てて検証する力）
5. フレームワーク思考（複雑な情報や問題を整理して全体を理解する力）
6. 抽象化思考力（具体的な経験や事例で学んだことを別の状況や物事に適用する力）

引用元 『地頭力を鍛える 問題解決に活かす「フェルミ推定」』細谷功著

　ここでは細かいことは一旦気にしなくて良いんだけど、重要なのは、ここに「たくさんの知識を正確に暗記できる力」が含まれていないってこと。だから、（テストの内容にもよるけど）テストでいい点数をとれたり、いい大学を出てるからといって、イコール「地頭がいい」とするのは、そもそも間違ってるよって話。伝わる？

　さらに調べていくと、この細谷さんよりも前に、なんなら辞書にこの言葉が載る前に「地アタマ」という言葉を使っていた人がいるらしい。私の母校でもある慶應義塾大学SFC研究所上席所員の高橋 俊介さんという方。高橋さんいわく、地アタマとは、「本質を見極める力、知識やテクニックに頼らずに考え抜く力」なんだそう。
　この方もやっぱり、「考える力」のことを言ってるね。

　つまり地頭とは、「考える力」のことを本来は指すのであって、しかもこの力は、トレーニングによって鍛えられる能力、ということになります。決して「生まれつき持って生まれた知能レベル」みたいなことではないし、「どんなに努力したって変わらない」ものでも全然ない。先に述べた「理解すること」と「思考すること」をクセづけた勉強法を続けることによって、あなたの「地頭力」は自然と向上していきます。だから、今日から、「勉強＝暗記」というイメージは捨ててしまおう。

さて、私たちはなぜ勉強するのか？

　この「生きた知識」と「思考力」というふたつの大きな武器をあなたの中で育てると、あなたの地頭力も自然と伸びていき、明らかに人生が変わってくるのがわかるはず。具体的に私が感じた変化をご紹介しましょう。

　まず、モテます。性別問わず、「人気者」になれるという意味です。これは、生きた知識と思考力がある人は、どうしても問題解決能力が高くなるから生存能力が強くなるわけで、そんなやつが生物として人気が出ないわけがない。
　頼りになるし、話も面白い、お金もどうしたって（望め

ば）たくさん稼げちゃうし、もうこれでモテないなら性格に難ありだから自分と向き合ってね？　ってかんじ。

　さらに、集まってくる人たちのレベルも変わってきます。これも意識せずとも、自然とそうなってくる。そしてここから生まれる「質の高いネットワーク」がさらにあなたの強い武器となり、あなたの人生をどんどんイージーにしてくれます。生きた知識と思考力がある人は、人を助けられる力も自然に備わります。そうすると、あなた自身も、他人に助けてもらいやすくなる。

　こうやって相乗効果でポジティブなサイクルが回りだすと、勉強をしてこなかった人がたぶん一生知ることのない世界にアクセスできるようになります。勉強をしてこなかった人がほぼ確実に一生会えないような人たちに会えるようになります。
「ああいうお家に住みたいなあ」「あの車に乗りたいなあ」「こういう人と付き合いたいなあ」「こんなところに行ってみたいなあ」「ああいうことを経験してみたいなあ」など、あなたのあらゆる「願い」が、圧倒的に叶いやすくなっちゃう。
　最高じゃない？

「勉強や学歴がすべてじゃない」というのは、私も同意。でも学歴があるかないかにかかわらず、どんな分野の成功

者もやっぱりみんな相当勉強してる。ちょっとマネできな
いレベルで日々、学んでる。

　勉強は、最も確実にリターン（ご褒美）がもらえる投資
です。やらない手はない。早ければ早いほうが良い。今日
から心を入れ替えて、やることをおすすめします。

　**ここまで言っても、「それでも、自分は勉強キライなんで、
やらないっす！」っていう人は、とても勇気があるなあと
思います。それはそれで尊敬するけど、見方を変えればも
のすごいバカです。**

　もう一度いいます。勉強はしたほうがいいです。あなた
が自分の人生を、知識も経験も乏しく生きていくのは、あ
なたの自由です。でも、あなたにいつか家族ができたりし
て、命をかけてでも守りたい、大切な存在ができたとした
ら、どうだろう。あなたにもし、もっと「生きる力」があっ
たなら、あなたはあなたの家族の願いをもっと叶えてあげ
られるのに。何十年後かにもしそんなことになったら、あ
なたは必ず後悔することになります。「ああ、もっと勉強
しておけばよかった」って。

　というわけで、勉強をしないわけにはいかないんです。
あなたがもっと幸せになるために、お金持ちになるために、
好きな人とちゃんと付き合えるために、趣味をいつまでも

楽しめるために。

　そしていつかきっとできるあなたの大切な人を、しっかり守れるように。

幸せになるために必要なこと

「幸せになりたーい」と人はいうけど、「幸せ」って一体、なんなんだろう？　お金持ちになったら幸せになれるんだろうか？　でも、世の中のお金持ちを見ると、そういうわけでもなさそうだよね。

「幸せ」には２種類ある。ひとつは「ヘドニック・ウェルビーイング」といって「たのしい！」「うれしい！」といったポジティブな感情を多く感じていて、「つらい」「かなしい」などのネガティブな感情をあまり感じていない状態のことを言います。例えば、ハワイのビーチでの〜んびりな〜んにもしないで寝っ転がっているときに感じるであろう「やばいまじ最高なんですけど！」という幸福感がこれ。

　でも、古代ギリシャの哲学者アリストテレスさんが、「残念だけど、それだけでは人は幸せになれないよ」って言ったんです。なぜなら、ヘドニック的幸せは一時的な幸福感

であって、人はすぐにそれに慣れてもっとほしがるように
なるから。たとえどんなにお金持ちで豊かな生活を送って
いても、幸せだと限らないのは、このためなんだね。

　では、私たちはどうしたら本当の意味で幸せになれるの
か。アリストテレスさんは「ユーダイモニック・ウェルビー
イング」つまり、**意味や目的のある人生の中で、自己成長
や自己実現を通して得られる幸福感こそが、人を本当の意
味で幸せにするよ！** といったんです。

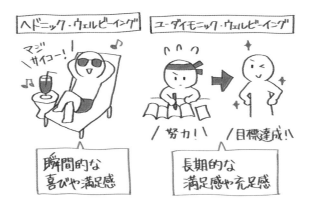

吹奏楽やスポーツなどの部活に入っている人や、文化祭
に真剣に取り組んだことがある人。みんなで一生懸命練習
したり準備したりして、辛いことや大変なことを乗り越え
ながらなんとか成し遂げた結果、望んだ成果が得られた経
験ない？　このとき、なんとも言えない高揚感や達成感を

感じたんじゃないかしら。それです。まさにそれが「ユーダイモニック・ウェルビーイング」。こういう幸福感を積み上げていけると、「幸せだ！」と言い切れる人生になっていく。

　正しい方法で勉強して、勉強ができるようになっていくことは、このユーダイモニック・ウェルビーイングを確実に大きくしてくれる。つまり、勉強をがんばればがんばるほど、あなたは幸せになれちゃうんです。ただし、幸せになるための勉強をするには、いくつか気をつけないといけないポイントがある。それをいまから詳しく話していくよ。

　さあ、一緒に人生変えるよ！

あなたのマインドセットはどっち？

主　張	強く反対	反対	ほぼ反対	ほぼ賛成	賛成	強く賛成
自分はそこそこ賢く、それは今後も変わらない。	0	1	2	3	4	5
「知能」とは元から備わっているもの。	0	1	2	3	4	5
どんな人間だって賢くなれる。	5	4	3	2	1	0
正直言って、バカはバカのまま。	0	1	2	3	4	5
何歳になっても知性は磨ける。	5	4	3	2	1	0
新しいことを学ぶことはできるが、知能そのものは変わらない。	0	1	2	3	4	5
どれだけ能力が低くても、いくらでも伸ばせる。	5	4	3	2	1	0
生まれつきの能力は変えられる。	5	4	3	2	1	0
あなたには一定の才能があり、それを変えることは困難。	0	1	2	3	4	5
（スポーツや音楽など）ある分野における才能とは、変えられない基本的なもの。	0	1	2	3	4	5
誰だって自分の限界は超えられる。	5	4	3	2	1	0
結局のところ、「才能の量」は増えない。	0	1	2	3	4	5
能力はいつでも大幅に伸ばすことができる。	5	4	3	2	1	0
新しいことを学ぶことはできるが、生まれ持った素質は変わらない。	0	1	2	3	4	5
いまの自分のレベルがどうであれ、いくらでも伸ばせる。	5	4	3	2	1	0
持って生まれた素質さえ、大幅に変えることができる。	5	4	3	2	1	0

61-80＝強い固定マインドセット　　21-40＝成長マインドセット寄り

41-60＝固定マインドセット寄り　　0-20＝強い成長マインドセット

参考　Dweck, C. S. (2006). Mindset: The new psychology of success. New York: Random House Inc. より意訳して抜粋

意思あるところに
道は拓ける。

PART 2

モチベーション編

Motivation

　私の当時（大学受験時）の一日のスケジュールは、朝学校行って、学校が終わったらそのまま塾に行って、22時まで塾で勉強して、家帰ってお風呂入ったり歯磨いたり色々して、だいたい24時くらいから朝7時までぶっ通しで勉強(ここが一番集中できた)して、そのまま学校行く、っていうスケジュールでした。

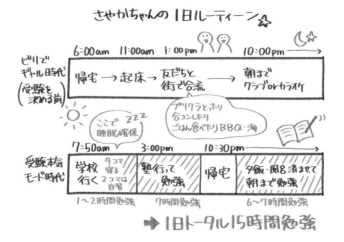

　あれ？　じゃあどこで寝てた？　となると思うんだけど、これはね、あんまり真似してほしくないから言うか迷ったんだけど、本当のことだから正直に言いますね。

　学校で寝てました。言い訳になりますが、私はまじでギリギリまで勉強をさぼっちまったので、究極に時間がなかったんです。さてどうしたものか、どうしたら残された時間を最大限有効活用できるのか、とそれはそれは真剣に考えた末の決断です。ちなみに当時の私のゴールは「慶應に合格する」であって、「学校のテストでいい点数をとる」ことではなかったことがここでのポイント。

　というわけでたどり着いた最善の方法は、「学校で寝る」だったわけです。学校のカリキュラムって、必ずしも受験のためにできてないのが受験生にとっては痛いところ。私の受験（文系私大志望）には必要のない科目の授業もやっぱりあったし、受験に必要な英語とか日本史などの科目だって、最初は難しすぎて意味なくて、最後のほうは簡単すぎて意味なかった。時間がない中で、意味のないものに時間を割いてる暇なんてない。というわけで、学校の先生には申し訳ないんだけど、私は私の受験を最優先させて、自分の勉強に集中するのが最も難しいであろう学校で、4時間睡眠時間を確保することに決めたわけ。

　具体的には、1コマ50分（休憩10分）がだいたい6コマあるから、そのうち4コマは絶対寝るようにしてました。あとの2コマは自習。
　こうして私は「毎日15時間勉強」を実現してました。私にとって、学校は「睡眠と息抜き」の時間であって、勉

強は学校以外のところで全力でするもの。今振り返ってみても、そういう時間の使い方がやっぱりどう考えても正解だったと思う。

　ただ、時間が究極にギリギリじゃない場合はやっぱり全教科ちゃんと勉強したほうが良いに決まっているし、みんなが通っている学校がちゃんと受験対策もしてくれる場合なんかは、私のマネはしないでちゃんと授業を受けてね。あと、推薦入試とかを狙ってるならこれ最悪の戦略だから、マネしないでね。

　どんなにつまらなくても授業をちゃんと真面目に聞いて、良い子でいるんだよ！　あくまでも、自分のゴールに沿って、時間の使い方を決めてね。

エンジンをかけないと始まらない

　では、私にスケジュールをそこまで変えさせたモチベーションはどうやって生まれたのか。想像してみてください。

　車を走らせるためには、車に乗ったらまず、なにをする？エンジンをかけるよね。このエンジンがかかってはじめて、この車は効率よく動いて、目的地に向かって走ることができる。

　私たちは、まさにこの車です。自分が今いるその場所から目的地まで走るためには、エンジンをかける必要があります。このエンジンを動かすための燃料が、「モチベーション」。必要な燃料があって、エンジンがかかると、人は動き出します。

　ちなみに人間以外の動物も基本同じ。「あの餌食べたい」「ちょっと寝たい」など、なにかをするモチベーションが生まれたときに、動物たちも行動を起こします。

　じゃあ、「学校に好きな子ができた」という、あるあるなシナリオで考えてみようか。

　前はギリギリまで寝て、お母さんにお尻叩かれながら面倒くせえなあって言いながらイヤイヤ学校行ってたのに、好きな子ができた途端めっちゃ早く起きて、念入りに歯磨きしてシャワー浴びて、髪の毛までセットして学校行くようになった。

　この場合の燃料とは？「好きな人に好かれたい」だよね。その燃料によってエンジンがかかったから、いつもはなかなかできない行動をとれるようになった。

　そしてそのような努力（行動）の結果、相手も好きになってくれるかもしれない（結果）。

　つまり、**「モチベーションが湧く→行動が変わる→結果が変わる」** という構図ができ上がる。

ここで注目してほしいのは、このプロセスを生み出す
きっかけとなった「強いモチベーション」のところ。つま
り「好きな子ができた」の部分。このくらい強いモチベー
ションがないと、人の行動ってなかなか変わらないんです。
**具体的にどんなものかっていうと、恋愛のように「強い
感情が伴っている」もの。** 他にもいろんな感情が考えられ
る。それは、好き！　ワクワク！　ああなりたい！　みた
いな、感動や憧れのようにポジティブな感情であることも
あれば、むかつく！　見返したい！　こわい！　みたいな、
恐れや怒りのようにネガティブな感情であることもありま
す。

　**この感情＝モチベーションは強けりゃ強いほうが行動に
変化を起こしやすくて、さらにその行動（努力）を長く継
続させやすいです。**

　ということはだよ、あなたがもし「勉強できるようにな
りたい」なら、当たり前だけど「勉強する」という行動を
長期間にわたってやりまくることが必要で、そのためには
「勉強するモチベーション」が必要なんだよね。

　しかも、まあまあ強いモチベーションが要ります。

　冒頭にも話したように、「なんでこんなこと勉強しない
といけないのよ……絶対意味ないだろ……」と、勉強する
意味がイマイチわかっていなかったり、もしくは、親や先
生、社会からの無言の圧力に押されて、「受験面倒くせえ

なあ、でもみんなするから、俺もしなきゃなぁ……」と、
イヤイヤ勉強してる人。

　こういう人たちは、エンジンがかかってない車と一緒で
す。エンジンかかってないけど、後ろから無理やりグイグ
イ押されてちょっっっっっっっっとずつズリズリ動いてはい
るんだけど、この速度じゃ全然目的地までたどり着けない。
それで、「無理そう……」って車のほうも諦めたくなっ
ちゃってる感じ。

　このように、**確かなモチベーションなく勉強していても、
良い成果は期待できないどころか、目的地までたどり着く
のは難しいです。**
**「なかなか集中力が保てない」「やる気が起きない」など
の悩みは、この「モチベーションのなさ」からきている可
能性が高いです。**

「モチベーション」の正体

　では、どうやったらモチベーションって生まれるんだろう。これは国や年齢を問わず多くの人が悩んでいることでもあるので、たくさんの研究者たちがこの謎を解明しようとがんばってくれました。それでわかったことがある。

　モチベーションを生むには、絶対欠かせない2つの要素があります。
　期待値（Expectancy）：目の前のタスクに対して、「自分はコレできそう」とどれくらい思えているか？　の程度。つまり、自分が目標を達成できるとどれだけ信じているか、ということです。

　価値（Value）：「自分、それやりたいです！」とどれだけそれに価値を感じられているか？　の程度。つまり、その行動自体や、その行動によって得られる結果がどれだけ魅力的か、ということ。

　上記のことは考えてみたらとっても当たり前なことなんだけど、そのせいか普段から意識できている人は少ないようなので、まず簡単な例をつかってイメージをつかんでもらいます。

例えば、小学校のクラスであるゲームをするとします。ゲームのルールは簡単で、出された問題に正確に答えられた人がお菓子をゲットできる、というもの。

1．期待値

ここでの「期待値」は、問題に正確に答えられるかどうかの、本人の主観的な自信のことを言います。もし問題が解けると感じれば、お菓子を手に入れる自信が高まるよね。この自信が高いと、手を挙げて答えようとする意欲も高まる。

2．価値

「価値」はそのお菓子が、本人にとってどれだけ魅力的か、ということ。好きなお菓子だったら、問題に答えることの価値が高くなるし、逆にあまり好きではないお菓子だと、価値は低く感じられる。

もし問題が難しすぎず、しかもそのお菓子が子どもたちに大人気のものだった場合、多くの子どもたちが参加したがるでしょう（期待値も価値も高いため）。

だけど、問題が難しすぎて、お菓子もたいして魅力的なものじゃなかった場合、積極的に参加する子どもはいないかもしれません（期待値も価値も低いため）。

こんなふうに、**私たちがなにか行動を起こすかどうかは、「それを達成できるかどうかの自信」と「その行動やその先で得られるものに対する魅力」をどう感じるかによって決まります。**

　小さな子どもたちだって大人だって、日々の生活の中で行動を起こすか起こさないかは、「これはできるかな？」と「これをやる価値があるかな？」を考えながら、決めているわけだね。

勉強に「価値」を見出す方法

　ではこの法則を活かして、どうすれば「受験」や「勉強」でバッキバキのモチベーションを生み出すことができるのかをみていきましょう。

まず、ひとつ目の価値。**勉強をすること自体に、もしくはがんばって勉強した結果得られるご褒美に、めっちゃくちゃ価値を感じていること。**その価値はあなたの親でも先生でも友だちでもなく、世の中が勝手に決めた暗黙の価値観に沿ったものでもなく、「あなた自身が」心の底から感じられるものである必要があります。

勉強するという行為自体に価値を感じられたらそれはもう最高なんだけど、ここでは「勉強した結果得られるご褒美に価値を感じる」って一体どういうことなのか、ビリギャルの例をつかって説明します。

受験勉強を始める前の私はとにかく「キラキラした世界に行きたい」ってずっと思っていました。でもその世界がどこなのかはあんまりわかってなくて、友だちとクラブ行ったりカラオケ行ったりして、それはそれで楽しかったんだけど、もっといろんな人に出会えるキラキラした世界に行ってみたいなって、漠然とだけど思っていました。

そしたら、弟の代わり（本当は彼が塾に通うはずだった）に行った近所の塾の面談で坪田先生に出会って「君、慶應とか行ったら？」ってポツリと言われて。
それでハッとしたの。
「私が行きたいキラキラな世界って、慶應なのかもしれない‼」って。

なんでかって、嵐の櫻井翔くんが当時、慶應を卒業したってテレビで見て知ってたから。櫻井翔くんが行ってたとこが、キラキラしてないわけないでしょう？

というわけで、大学なんかどこにも行くつもりなかった私は「慶應に行く」ことにとんでもない価値を突然感じて、私が行くところは慶應だって思い込んだ（すごい素直、かわいい）。

それで、慶應に受かるためには、勉強をしないといけないらしい。それがわかった途端、急に勉強に対するモチベーションが生まれた。キラキラな世界の仲間入りができるなら、大嫌いな勉強だってがんばる価値がありそうだ！　ってなったわけです。「慶應に入ってキラキラの仲間入りをしたい！」という当時の私にとって最高に価値あるご褒美は、世の中が勝手に決めた「偏差値の高い大学に入ることは良いこと」という価値観も関係なければ、親や先生に「慶應に行きなさい！」と言われて決めたわけでもない。これが重要なんだよ！

「私自身が」ものすごい価値をそこに感じられるものじゃないとダメ。そうじゃないと、エンジンはかからないから。

「モチベーションが湧かないんです」「集中力が保てないんです」という人は、だいたいこの「自分だけの価値ある目標設定」ができてない場合が多いです。

そもそもなんで受験するの？　本当にしたいって思って

る？　なんのためにするの？　周りがするから自分もしな
くちゃって、流されてやってるだけなんじゃない？　周り
の友だちの志望校を横目で見ながら、じゃあ自分もそんく
らいかなあなんて、適当に志望校決めてない？　親が医者
だから自分も医学部行かなきゃって思い込んでない？　本
当に医者になりたいの？　医者になった自分を想像するだ
けでドキドキしてきて走り回りたくなるくらいワクワクす
る？

　こういう質問を、まず自分に問いかけてみて。
　当たり前だと思ってちゃんと考えたことなかったこと
に、ちゃんと思考を向けて深く考えてみてほしい。なんで
受験をするのか、なんでその学校に合格したいのか、なん
のために勉強するのか。自分の「ワクワク」や「好き」を
軸に、真剣に考えてみてほしい。
　**このスタートの仕方を間違えると、そのあとすぐにがん
ばれなくなって「自分はやっぱりがんばれない人間なんだ」
なんて言って、ずっと悩むことになります。でも、がんば
れないのはあなたの性格的な問題ではなくて、ただ目標設
定の仕方を間違っているだけなんです。**

　親がものすごく厳しくてうるさくて、「早く一人暮らし
をしたいなあ」ってずっと思っている。だから親にも認め
てもらってサポートしてもらえるように、一流大学に受
かって親元離れてひとりでバイトしながら生活してみた

い‼︎　こんなケースだって、「勉強した先に得られるご褒美」に十分なるし、ものすごい価値が出ることもある。東京が舞台のドラマをみて憧れて「こんな恋をしてみたい！」ってエンジンがかかって、東京の大学を目指してもいいじゃない。お寺が大好きで、毎日仏像を拝むために京都の学校を目指したっていいじゃない。

　そんな感じで全然いいんだよ。**親や先生に、「そんな不純な動機で受験なんてするもんじゃない！」って言われるかもしれないんだけど、動機の内容なんかよりよっぽど大事なのは「望んだ結果を出す（合格する）」ことなわけで。そのために必要なパフォーマンス（勉強）を出すには、この超強いモチベーションが、どうしても必要なんです。**だから、あなたが「勉強をがんばれる自分」になりたかったら、そういう大人たちの否定的な言葉は一旦無視して、不純な目的に向かって突っ走ればいい。どれだけ認めてもらえなくても、実際に合格してしまえば「あの子突然勉強しだして、ほんとに受かっちゃったんですよぉぉ！」なんて言って、どうせ周りに自慢し出すんだから。

　勉強するモチベーションが湧かないのは、それ自体に、そしてその先になんの価値も見出せていないからです。ここを曖昧にしたまま勉強したって、集中力が続くわけないし、勉強の質も良くなりません。
　あなたの心が揺さぶられるような「価値あるもの」って、

なんだろう。勉強した結果、どんな世界に行けるとワクワクする？　どんな結果が得られたら、もう飛べそうなくらい嬉しい？　10年後の自分がどんなふうになっていたら「イケてるなあ自分」ってうっとりする？　あなたの「ドキドキ」や「好き」を出発点にして、ちょっと考えてみて。

大・中・小の目標を決めよう

　というわけで、高いモチベーションを保って走り続けるためには、自分はなんのために勉強すんのか？　というあなただけの、「本当の志望動機」が重要な鍵を握っています。

　特に受験勉強は長距離マラソンを走るようなもの。たいした動機も持ち合わせていないのに、ずっと最高のパフォーマンスで走り続けられる人なんていません。仮に最初はよっしゃー！　って走り始めても、すぐに走るのが面倒くさくなって色々言い訳して休憩時間が増えてって、休憩すればするほどどんどんモチベーションが下がってって、結局走ることを途中でやめちゃうか、だらだら適当に走って完走できないかのどっちかになる。

　そうならないためには、「その目標に対して自分が超価

値を感じてないとダメだからね？」ということをくどくど言いました。

　ここで、私が高校のときにやってた目標の立て方をご紹介します。

　それは目標を「大・中・小」に分けること。かっこよく言うと**「大目標」は人生のビジョン、「中目標」はビジョンを叶えるためのミッション、「小目標」はミッションを達成するための行動戦略です。**

　では、まず大目標と中目標ってなに？　という話から。

　例えば、ビリでギャルだったときの私の「大目標」は、「キラキラした人たちに囲まれた人生をおくりたい！」だった。自分の人生をどんなふうに生きたいのか、長期的に見て達成したい理想的な自分像、人生像、と言えばいいかな。これは自然とワクワクドキドキしたものになるよね。

　でも、これってちょっと漠然としたものになりがちなんです。「お金持ちになりたい」「幸せな家庭を持ちたい」「グローバルな生き方がしたい」みたいな。ちょっとふわっとしてる（それでOK）。

　じゃあ、どうやってそれを叶える？　そこで出てくるのが「中目標」。ビリギャルの場合は、「慶應大学に行く」がこれに当たります。慶應に行ったら、地元にとどまって大

学に行かずに人生を送るよりも、確実にいろんな人と出会える機会が増えるし、知識も情報も増えていろんな世界にアクセスできるようになって、成長してキラキラしてる自分に近づけそう！　しかも櫻井翔くんみたいなイケメンがいっぱいいるかもしれない（実際はあんなイケメンいない）。「慶應に行く」ことは、人生のゴールではなく、自分の理想像に近づくための中間地点なわけです。

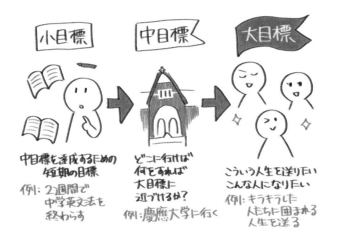

よく「夢」っていうと、「ミュージシャン」とか「エンジニア」とか「お医者さん」みたいに特定の職業を想像する人がいるけど、必ずしも夢は職業でなくてもいいんだよ。

もちろん、子どもの頃からなりたい職業が明確にあることは素晴らしいことだけど、別になくったって全然いい。ていうかないほうが普通です。どうせだいたい変わるんだから。**しかも、学生のときに知っている職業なんてたぶん**

全体の５％もないわけで、無理になりたい職業を早く決めちゃうと可能性が狭まっちゃうことだってある。

　これからあなたはどんどん成長して、もっといろんな人に出会って、いろんな世界に触れて、経験値を積んで視野が広くなるにつれ、選択肢をいくらでも増やしていける。そしたら「へえこういう道もあるんだ！」ってワクワクしたり興味を持ったりできるものが、きっと少しずつ増えるよ。

　だから、**「夢や目標は常に変わったって良い」**というのを前提に、まずはあなたが**「今の段階で」**どんな人生にしたいのかを言語化して（大目標）、そこに近づくための中間地点（中目標）を設定してみて。

タスクの難易度は「ちょいムズ」を意識

　では、モチベーションを生み出すためのもうひとつの重要な要素である「期待値」について話します。

　まず、簡単な実験をしてみましょう。これから、あなたに以下の課題に取り組んでもらいます。できればちゃんと時間を計って真剣にやってみてほしい。

1．1分以内に、異なる国の首都を25個書き出してください。
2．1分以内に、10人の友だちの名前をフルネームで書き出してください。
3．1分以内に、今日の日付を紙に書いてください。

さて、それぞれのタスクでどう感じたでしょうか？　1つ目と3つ目の問題は、あんまりモチベーションを感じられなかったんじゃないかな？　だって、1分以内に25個の首都書き出すって、無理すぎじゃん！　そう思った瞬間に、モチベーションが下がったんじゃないかしら。

逆に、1分以内に日付を書くって、5秒でできるわ！　なめてんのかい！　って思っても、モチベーションは下がりやすい。この中だと、3と1に比べたら2の問題に取り組んだときのほうが集中しやすいはずなんです（できるかな？　って試したくなる）。

高ければ高いほどモチベーションがあがる「価値」と、この「期待値」なにがちがうかというと、**期待値は高すぎても低すぎても、モチベーションは上がりづらい**ってことなんです。つまり難しすぎても簡単すぎても、人の集中力って切れてしまう。でも、**自分の能力よりちょっとだけ上の難易度のもの、「ちょっと集中してがんばれば達成可能」と本人が思える、「ちょうどよく」難しい挑戦を前にすると、人はがんばることができるんですね。**

この視点を、あなたの勉強にもがっつり取り入れてほしいんです。

「小目標」の立て方

　では、この「適度に難しいと、人はがんばれる」という法則を念頭に置きながら、次は小目標を実際に立てるイメージをしてみましょう。

「小目標」は、「中目標を達成するために、これからやるべきこと」を細分化したもので、大目標や中目標よりも短期的に達成可能なものであるべきです。

　しかも、ひとつのでっかいものじゃなくて、たぶんたくさんのちっこいものになる。

　ここはまさに「マラソン」をイメージするとわかりやすいかも。例えば、制限時間5時間で50キロの距離を走り切らないといけない場合、1時間のうちに最低でも10キロ走らないと間に合わないことはわかるよね。さらにそれをもっと細分化していくと、30分で5キロ、15分で2.5キロ、1分間におよそ166メートル進まないとゴールできそうにないなってことがわかる。しかも、最後の方は疲れててちょっと時間長めにかかるかもだから、最初の2時間

は1時間で12キロペースを目標に走ろうかな、みたいに計画を立てるかもしれない。

こんなふうに**大きな目標を、短い時間で達成可能なちっこい目標に分割して考えると、目の前のやるべきことに集中しやすくなって、結果的に中目標や大目標へとつながる道で大きく進歩するのです。しかも小目標を次々達成していく過程で、あなたはちっこい「できた!」を積み上げていくことになって、これが自信となり、モチベーション維持に大きく貢献してくれる。**

反対に、もし小目標を設定しないででっかい目標だけ持って走り始めちゃうと、どこから手をつけていいかわからなくなってモチベーションが下がったり、ペースがわからなくて気づいたときにはもう手遅れになるリスクもあるので、おすすめしません。

以下は坪田先生が教えてくれた計画の立て方で、当時の私もまさにこんなふうにレベルアップしていきました。

【制限時間】
約1年半（高2の夏休みから受験当日までの19ヶ月）
【当時の私のレベル】
入塾時に受けた学力テストでは、英語も日本史も、中1レベルでもほぼ0点。国語は、そもそも漢字が怪しかったためテストしてみると、小学校4年生レベルに戻ってやったほうが良さそう、と判断される。全体的に、どの教科も

「小学校高学年程度」と判断される。

そこで坪田先生と立てた小目標はこちら。

【英語の小目標】
1．中学英語の総復習のテキストを24分割して、毎日1つやる。24日で一冊やり終える。
2．中学レベルの単語帳（1800語）で、毎日30個の新しい単語を覚える。もちろん復習も同時進行。2ヶ月でこの単語帳を終わらせる。

【日本史の小目標】
1．まんが日本の歴史を、1週間で一周読む。これを5回。ストーリーをつかんでから暗記したいので、一旦これだけ。

【現代文・小論文の小目標】
1．小学校4年生レベルの漢字ドリル（200字／約20ページ）を1日3ページやって、1週間で終わらせる。
2．坪田先生が選んだ本（最初は簡単なやつ）を月に一冊読み終えて、読書感想文を書く。

※これは、当時の私の学力のレベルと、私が目指していた目標、そして制限時間から逆算をして立てられたものなので、あなたの立てるべき小目標とはきっと違うよ、ということに注意。あなただけの目標を、ちゃんと立ててね。

難しすぎることはやらない

　坪田先生は「正答率が6割に届くか届かないかのレベル」を常に意識して、タスクの難易度管理をしてくれてました。**ラクラクと6割以上いけちゃうレベルは簡単すぎるのであんまりやっても意味がないし、逆に半分にも届かないレベルの高さだと「やっぱり自分は地頭が悪いのか……」というゾーンに入ってモチベーションが下がり、パフォーマンスが下がっちゃう。これだけはどうしても避けたい。なので「自分の能力ではちょっとだけムズい課題」をターゲットにすること。**

　こういう基準で目標を立てると、学校で今勉強している範囲や、周りの人たちが取り組んでいるレベルより、かなり落として勉強し直すはめになる人が続出すると思います。だってみんな勉強が順調にいかなくて困ってるんでしょう？　ってことは、たぶんどっかでつまづいて、ついていけなくなってる状態なんだと思うの。だったらそこまで戻って埋めてくしかない。中学レベルの英文法すらちゃんと理解していなかった私に、慶應文学部の英文読解問題をスラスラ読めるわけがなかったのと同じように。

　私の当時の「小目標」も「当時の私のレベルよりちょっ

とムズい」課題にちゃんとなってるんだよね。

「人間はなにかに取り組むとき、その課題が自分の能力に対して、簡単すぎても難しすぎてもモチベーションを保てない」。その法則を熟知していた坪田先生は、勉強大嫌いと思い込んでる私に「あれ？　私まあまあイケるね？」とポジティブな思い込みが植えつけられるように、ちゃんと私のレベルにあったタスクから始めさせてくれた。この戦略によって完全に私のエンジンがかかり、どんどん勉強にのめり込んでいったのです。

　だから約束してほしいです。「難しすぎることは絶対やらない」こと。それが勉強にハマるための鉄則です。先生の話していることがまるで理解できなかったり、テストでちっとも点数をとれなかったら、わかるところまで戻って勉強すべき。わかんなすぎることにぐずぐず向き合っていても、自分のことが嫌いになっていくだけだから。「勉強きついなあ」って悲しくなったら、それはレベルをちょっと下げるタイミングです。**「できないんじゃなくて、問題がまだ難しすぎただけ」って開き直りましょう。**

「自己肯定感」ではなく 「自己効力感」を育てよう

「自己肯定感が低いんですが、どうしたら上げられますか？」という質問をたくさんもらいます。これは本当に多くの日本人が感じている課題なんじゃないかな。現在私はアメリカのニューヨークというところに住んでるんだけど、2年間海外で生活してみて思い知ったことがある。それは、日本人の能力の高さと、自信のなさ。

　日本人が提供する料理、モノ、サービス、どれをとっても、たぶん世界中どんな国も敵わないんじゃないかってくらい、日本人の仕事の質の高さたるや……なかなかマネできない。これは一度日本から出てみると本当に痛感するよ。世界中に日本のファンが溢れているのにはうなずける。

　ただ、こんなに世界中に誇れる素晴らしい能力をもった集団なのに、なぜだか自信がない。これは完全に文化的なもので、私たちは「謙虚であれ」「目立つな」と言われて育ってきた。そして、自分の個性を活かして得意なことをやって自信をつけるというよりは、まんべんなくすべて平均以上であることを求められるような教育を受けてきた。常に他人と比較されて、順位を付けられることにも慣れていて、「普通」でいることが良しとされる。

一方欧米諸国は、国や地域、学校や家庭環境にももちろんよるのだけど、「みんな違って当たり前じゃない？　あなたの個性はなに？」という文化。欧米諸国は日本と違って、人種、歴史、宗教、食文化、受けてきた教育などがぜんぜん違う人たちが集まって生きてる。だから、「違っていること」は当たり前過ぎて良いとか悪いとかもはやない。

　じゃあ、みんな違うなかで、あなたの個性や強みはなんなの？　そこを伸ばしていこうよ、っていう教育を受けてきた人が多いんです。だからね、なんか知らないんだけど、みんなものすごい自信を持ってる。彼らは誰かの評価を気にしたり、人の目を気にしたりしない。自分が生きたいように生きる！っていう意思を感じる（言い換えると、自由すぎてときにヤバい）。日本人とニューヨーカー、足して二で割るとちょうどいいのになあ……とずっと思ってる。この大きな違いは一体どこから来るんだろう……？

　ここであなたに理解してもらいたいのは、**「自信」にはふたつの異なるタイプがあるということ**。ひとつは「自己肯定感」と呼ばれるもので、これは「自分ってイケてるよなぁ」と、自分が自分自身に感じている評価のこと。これはどんなふうに決まるかって言うと、いろんな要素があるだろうけど、大きいとされているのは「どんな言葉をかけられて育ったか」。

　超シンプルにいうと（実はそんなにシンプルではないんだけど）、「あなたが大好き」「あなたのこういうところが素晴らしい」というような肯定的な言葉をかけられて育つと、「自分はイケてる！　価値がある人間です！」という信念が自分の中で知らず知らずのうちに育つらしい。反対に、「あんたはなにをやってもうまくいかない」「なんでこんなこともできないの？」というようなネガティブな言葉をたくさん受けて育つと、「自分なんて……」と自信が持てなくなり、自分のあら探しばかりするようになる。「自己肯定感」が高い人と低い人は、ざっくり言うとこんな風に違います。

　日本人は、文化的に「自己肯定感が低い」人がとても多い。そして残念ながら、こういう環境はなかなか変わらないし、一度こうなると自分でどうにか自己肯定感を高める、というのはなかなか難しい。それくらい、自分に深く根付いた観念になっちゃう。

　そんな人にここで朗報があります。もうひとつのタイプの自信である「自己効力感」は、なんと自分で育てていくことができちゃいます。この自己効力感とは、ある特定の状況やタスクを前にしたときに、「これ、私ならできる！」という、自分の能力における信頼のことを言います。**「自己肯定感」を「根拠のない自信」と言うなら「自己効力感」は、「根拠のある自信」です。**

重要なのは、この自己効力感は、タスクや分野によって高かったり低かったりするということ。例えば、私は将棋をやったことがないし、正直あんまり興味もない。そんな私に、「将棋の天才・藤井聡太さんに、将棋で勝つ自信はありますか？」と聞かれたら、普通に「無理っすね」ってなる。つまり、私は「将棋」においての自己効力感が低いわけです。でも、「今から中国語を真剣に勉強して、中国語検定試験を受けて合格する自信はありますか？」と聞かれたら、中国語勉強したことないけど、まあある程度時間もらえたらいけると思う、と答えると思う。つまり、私の場合は、「勉強」とか「言語習得」においての自己効力感が割と高いと言えるんだよね。

自己効力感の育て方

この自己効力感という概念を提唱したのは、心理学者のアルバート・バンデューラさん。

彼は、自己効力感を育てるには4つの方法があるぜって言ってます。

1. 言語的説得

だれかに「君ならこれできるよ」「君のこういうところが強みだよ」と、あなたに能力があることを説明されること。坪田先生が私にやってくれていたのが、まさにこれ。

2. 代理経験（モデリング）

ロールモデル的存在の活躍をみて、「自分もできちゃうかもしれない…」という気になってくること。映画ビリギャルを見て、「なんか勉強できる気がしてきた…」となるのもこれ。大谷翔平選手を見て、「僕も野球選手になる！」という子どもたちが爆誕しまくってるのもこれ。

3. 情緒的喚起

あなたの「気分」とか「ご機嫌」を上げることや、感情

を奮い立たせること。よく晴れた気持ちの良い日や大好きな音楽をきいているときは、気分が上がってなんとなくいつもよりできる気がしてきたりする。だから、同じ状況でもなるべくポジティブに捉えるようにしたりして自分のご機嫌の取り方を知っている人は、自然と自己効力感も高くなる。あと、よく食べてよく寝て、いいコンディションをつくることも大事。寝不足でお腹も減ってると、イライラしやすくて頭も働かないからいいパフォーマンスが期待できず、気持ちと一緒に自己効力感も萎える。

４．過去の成功体験

　これが自己効力感を高める最も効果的な方法。これに勝るものはない！　似たようなタスクや分野で、過去に成功体験を持っていること。ちっこい「できた！」が、次の「出来るかもしれない……！」につながっていく。これを積み上げれば積み上げるほど、あなたの自己効力感はどんどん上がっていく。

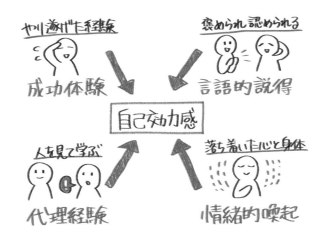

　私が、「将棋」の自己効力感は低いけど、「勉強」の自己効力感が高い理由がわかったかな？　私には、将棋の成功体験は皆無だけど、勉強における成功体験はちゃんとある。これは、「受験で合格できた！」という成果だけのことを言ってるんじゃなくて、この章で説明した短期的に達成可能な「小目標」をたくさん設定し、それをモリモリ達成しまくるプロセスの中で、実はこの「自己効力感」が積み上がっていってるんです。

　そこに坪田先生から「すごいねさやかちゃん、めちゃくちゃ成長してるのわかる？　すごすぎる！」という「言語的説得」と「こうするともっと伸びるよ」という効果的なフィードバックが私の自己効力感をさらに押し上げた。

バンデューラさんは、この自己効力感が高いと、あるタ

スクを前にしたとき「私これできそう」と思える期待値を**高くするぜ、って言ってる**。私は中学受験をした経験があって、ここで一度成功体験を手にしているから、この「受験」における自己効力感がある程度あったのと、うちのお母さんが「さやちゃんは望めばなんだってできるよ！」と言い続ける人だったから、私の勉強や受験における自己効力感は坪田先生に出会った時点で謎に高かった。

　だから、みんなから見たら期待値が低い目標でも、「私ならできる！」と思えたんだよね。

「私それできる！」と思えたら、そのあとそのタスクを達成するための努力をするということを選択しやすくなる。でも「いやそれは無理！」と思えば、努力しようと思えない。このどちらかを決めるのは、あなたの自己効力感の高さなんです。

　だから、あなたが成功したいと思っている分野の自己効力感は、高ければ高いほうが良い。より高みを目指して努力ができるし、その結果さらに望んだ結果を積み上げていくことができて、さらに自己効力感が高まっていく、という最高すぎるサイクルができ上がっていく。こうやって、人は「自信」をつけていくことができます。

成功体験がなぜ重要か

成功体験がいかに重要か、もう少しだけ説明させてください。心理学の実験で「学習性無力感（Learned Helplessness）という言葉がある。これは、自分ではコントロールできない状況に繰り返しさらされると、それを乗り越えたり回避したりしようとする行動をとることをやめて、黙ってそれを受け入れるようになる現象のことを言います。

例えば、犬をケージに入れて逃げられないようにして、そこに電気ショックを繰り返し与える実験では、最初はどうにか逃げようとしていた犬も次第にそうすることをやめて、黙って電気ショックを受け入れ始めた（ひどい実験だね）。人間も同じだと言われてる。人は、何度も自分ではどうすることもできないと思い込んでいるネガティブなことを繰り返し経験すると、努力をしなくなる。

でも、最近の脳科学の実験が、この現象で起きているもっと重要なことを発見した。**動物は、自分で状況をコントロールできた！ という「成功体験」を通じて、消極性や不安を抑制する方法を学習している**、ということ。

つまり、状況をコントロールできると感じる経験が重要で、それが動物にポジティブな反応を促す力を与えること

を示しています。

　例えばさっきの犬の実験で、電気ショックが流れる部屋から脱出する方法を、その犬が一度でも経験できると、またその部屋に入れられたとしても、その犬はなんとかして脱出しようと試みる。成功体験が行動を変えるんだよね。

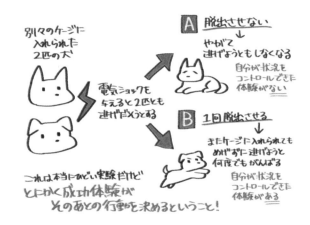

別々のケージに入れられた2匹の犬

電気ショックを与えると2匹とも逃げ出そうとする

A 脱出させない
↓
やがて逃げようともしなくなる
自分が状況をコントロールできた体験がない

B 1回脱出させる
↓
またケージに入れられてもめげずに逃げようと何度でもがんばる
自分が状況をコントロールできた体験がある

これは本当にひどい実験だけど
とにかく成功体験が
そのあとの行動を求めるということ！

「自分は状況を変えることができる」と信じられるようなポジティブな経験を積み重ねることが、消極性や不安を克服するための一番の近道、ということだね。

やる気がなくなったときの対処法

　勉強中のあるあるな悩み。「やる気」がすぐになくなっちゃうのはどうすればいい？　どこまでいっても、結局モチベーションの話。私がこんなにモチベーションの話をくどくど言うのは、**勉強法とか地頭とかそんなんよりも結局「モチベーションを保つ」ことが、受験で一番大きな壁だから。逆にこれを制覇できれば、勝率はぐんと高くなる。**

　やる気がなくなるときって、いろんな状況が考えられる。ただ単にちょっと疲れてるだけかもしれないし、成長を実感できず自信をなくしてるのかもしれない。

　「なんで自分はいま、勉強する気が失せているのか？」を考えることも大事なスキルだから、まずは自分で考えてみて。自分のモチベーションが出ないときの対処法は、たいてい自分が一番良くわかっているものです。自分のご機嫌は、自分でとれるようになっておきましょう。受験の道のりは長いよ！

　モチベーションが落ちて、戻ってこない。そんなときは、「自己効力感」を上げにかかればいい。前のページで伝えた「自己効力感の育て方」が、やる気がなくなったときにもそのまま使えます。4つあったよね？　覚えてるかな。ひとつひとついくよ。

1．言語的説得：だれかに「君ならこれできるよ」「君の
　こういうところが強みだよ」と、あなたに能力がある
　ことを説明されること。

　誰か、モチベーションを上げてくれる人と喋るといい。
私の場合はまっさきに坪田先生と話す（今もなんならすぐ
連絡してうざがられてる）。自分のことをちゃんとわかっ
てくれていて、心から応援してくれている人が理想。

　そして、客観的なフィードバックをくれる人。ただ「す
ごいね！」「偉いね！」と褒めてくれる人よりも、「君のこ
ういうところがすごいよ」「前話したときから、こんな変
化が僕からは見えるよ。がんばってるんだね」みたいに、
具体的なフィードバック、つまりその人から見たあなたの
成長や長所を言語化してくれる人がいたら最高。

　あとは、一緒に受験をがんばっている仲間でもいいよね
（ちゃんとがんばってるやつじゃないとダメよ、流される
から）。「いまきついけど、絶対一緒に東京出ようぜ！」み
たいな仲間がいたら、お互いに鼓舞し合えていいね。

2．代理経験：ロールモデル的存在の活躍をみて、「自分
　もできちゃうかもしれない……」という気になってく
　ること。

　私、コロナ禍の間ずっと家に引きこもって海外留学のた
めの英語をひとり黙々と勉強してたんだけど、まさにこの

期間モチベーションを維持するのにすごく苦戦した。

　今回の大学院受験は、当時の坪田先生みたいに毎日対話をしながら伴走してくれる人もいなかったし、もうやだやめたい！　つらい!!　って何度も逃げ出したくなった。そんなとき、「あそうだ、『映画ビリギャル』久しぶりに見てみよっかな」と思い立って、見てみたの。そしたら笑えるくらいモチベーション上がった（あの映画やっぱりものすごくいいわ、おすすめ）。「昔の私があんなにがんばれたんだ、今の私だって、がんばれるはず!!」ってものすごい刺激を受けた。

　こんなふうに、本とか映画、YouTube の動画でもいいので、「自分もこうなりたい！」と思えるなにかに自分を重ね合わせるの。そうすると、モチベーションが湧き上がってくる。英語を勉強してるときは、第二言語なのに英語をものすごくきれいに喋ってる YouTuber さんとか見るだけでも、私はモチベーションが上がったよ。「憧れ」もまた、ものすごいパワーになるからね。

　あとは、ひとつ前の言語的説得の例ともかぶるけど、めちゃくちゃがんばってる友だちや先輩みたいな、そういう人と一緒に勉強できたらめちゃくちゃいいね、きっと刺激を受けるよ。とにかく、いいエネルギーを放っている人からエネルギーをおすそわけしてもらう、みたいな感じで、自分のモチベーションを上げてくれるなにかポジティブなものに触れてみて。

3. 情緒的喚起：あなたの気分やご機嫌を上げたり、身体的にコンディションを整えること。

　人は、「天気」とか「ご機嫌」とか「気分」みたいな、そういうささいなものに実はものすごい影響を受けています。「寝不足」や「空腹」もそう。人間ってとっても繊細だよね。

　モチベーションが下がって、パフォーマンスが下がっているとき、こういう自分の内側や周囲の環境のちょっとした変化に目を向けてみると良い。私はいつもモチベーションが下がったり集中力がきれると、空腹のせいにしてナッツを食べる。

　あと、勉強に対するやる気が無くなってきたときは、なんで勉強してんだろう？　受験ってしないといけないんだっけ？　と、「私がいま勉強する意味」を忘れかけてるときでもある。大・中・小目標を設定した当初は、「よっしゃー！　やってやる！」って盛り上がってたのに、数ヶ月経って、そのワクワクとかドキドキする感情が薄まってきちゃってる。つまり、自分の中での「勉強をがんばった先に得られるごほうび」の「価値」が下がっているうえ、エネルギーになっていた強い感情（「あいつ見返してやるこんちくしょう！」とか、必死でお金をかき集めて受験させてくれてるお母さんへの感謝とか）が、弱まってきちゃってる。これをなんとかしなくちゃいけない。

　こういうときは、まず「よっしゃー！」のときに、どんな感情がエネルギーになっていたかをじっくり思い出してみて。もし「あいつを見返してやる！」と悔しい気持ちがあって走り出したんだったら（ネガティブな感情ってものすごいパワーになるからね、使わない手はない）、そいつに言われためちゃくちゃむかつく言葉を思い出すだけでも、簡単に感情が戻ってくるでしょう？　人間はとことん「感情の生き物」なんだねえ。

　私の場合は、実際に慶應大学のキャンパスに行って、自分がそこに通っている想像をしにいったよ。そして嵐の櫻井翔くんみたいなイケメンとこのキャンパスを歩いている自分……キラキラの世界に仲間入りした自分……をボーっと妄想してみただけで、「よっしゃー！」という気持ちが完全に戻ってきました。この勢いでラストスパートをかけて走りきったよ。

　こうやって「自分の感情を引き出す」ことができるとモチベーションは戻ってきます。ポジティブな感情はもちろん、ネガティブな感情だって、全部エネルギーに変えることができるの。感情とモチベーションはいつもセットだってこと、忘れないで。意志の強さとは関係なく、モチベーションとはだんだん下がっていくものです。感情は時間が経つと弱まるものなので、これは仕方ない。自分で意図的に戻す努力をして。

4. 過去の成功体験：似たようなタスクや分野で、過去に
   成功体験を持っていること。

　ちっこい「できた！」が、次の「できるかもしれない
……！」につながっていく。これを積み上げれば積み上げ
るほど、あなたの自己効力感はどんどん上がっていく。
「できない」「知らない」「わからない」ことばかり続くと、
当たり前だけどイヤになってくる。それは私だって、誰だっ
て同じ。あなただけじゃない。このときズズーんって気持
ちが落ち込むのは、やっぱり自己効力感が下がるからなん
です。だから、自己効力感を復活させれば良い。
　**こういうとき、私は「タスクのレベルを下げる」という
ことをします。**小目標のときもすこし触れたけど（そんで
さらにまたあとで詳しく説明するけど）、難しすぎるタス
クはやっちゃだめ。なんでかって、モチベーションが下が
るから。こうなったらもうどんなに良い勉強法でも意味な
い。**だから、自分のモチベーション維持をなによりも優先
すべきです。**
　なので、また「私できるよ！」と、もう錯覚でもいいよ、
なんでもいいから自分が思い込めるように、「まあまあで
きる」レベルのテキストや問題集に戻ってやってみるのは
おすすめです。現実から多少目をそむけたとしても、「自
分はできる！（自己効力感）」と自分に勘違いさせるくら
いでちょうどいい。**「できる」を増やして、自己効力感を
上げにかかると、やる気はいつの間にか戻ってきます。**

戦略と努力が、
運を超える力となる。

PART 3

戦略編

Strategy

3つの「記憶の種類」を理解しよう

　これから勉強を本気でがんばろうとしているあなたに理解しておいてほしいことを話します。それは、「ワーキングメモリ」という概念です。

　まず、「記憶」には3種類あります。ひとつが「感覚記憶」と呼ばれるもの。これは、あなたが目や耳などの五感を通じて得られる情報を一瞬だけ記憶するもの。これは超瞬間的なものなので、あなたが「忘れないようにしなくちゃ！」と注意を向けない限り、脳が「この情報、覚える必要ないよね？」と判断して、すぐに忘れてしまうようになってる。例えば、目の前を通り過ぎた車が何色だったか、さっき試着した服の感触がどんなだったか、いま学校で流れたアナウンスがなんて言ったかを、一瞬だけ記憶にとどめておくのが感覚記憶。

　2つ目が、「ワーキングメモリ（短期記憶ともいう）」です。ワーキングメモリとは、感覚記憶から得た情報を処理するために、一時的にその情報が置かれるスペースみたいなもの。感覚記憶はあなたが意識しなくても勝手に入ってくる情報だけど、ワーキングメモリはあなたが意識的に処理（理解したり分析したり）して、活用（それを使って考

えたり問題を解いたり）しようとすることを言います。例えば、友だちと「インスタ交換しよー私のアカウントは@ syk03150915 だからフォローして〜フォロバする〜」って言われたら、あなたはインスタにそれを入力するまで覚えておこうとするよね？　それ！　それがワーキングメモリに「置く」ってことです。感覚記憶から入ってきた情報が、あなたの「意識」に置かれる。そのスペースのことを言います。

　このワーキングメモリはとても便利なもので、これのおかげで買い物してるときに「これ買ったら予算オーバーだな？　やめとこ」って頭の中で計算することができるし、レストランで「このピザよりもこのパスタのほうが食べたいからこっちにしよ？」ってより良い選択肢を選ぶことができるし、友だちと話してるときに「ちょっと待って今なんて言った？　喧嘩売ってんのか？」ってなる（平和にいこうね）。

　そして、ここからが本題。**「勉強」というのは、「感覚記憶」を「ワーキングメモリ」に移行する作業から始まる。**例えば、「あ〜早く授業終わんねえかなぁ帰ってゲームしてえなぁ」と思いながら集中しないで聞いている学校の先生の授業解説は、これ「感覚記憶」でしかない。だってその先生の言っていることは、あなたの意識の中に入っていないから。すぐに消えちゃう、一瞬だけの感覚記憶。

だから、**勉強はいかにこの「ワーキングメモリ」を活用するかがとても大事。ただ、このワーキングメモリには弱点がある。それは、容量が限られているということ。**「インスタアカウント教えて〜」で教えてもらった友だちのアカウント名、１時間経っても覚えてる？　よっぽど覚えやすいものでないと無理だよね。そう、感覚記憶からワーキングメモリに移行するだけでは、試験の点数につながるような使える知識には、残念ながらならないんです。

　ここで出てくるのが、３つめの「長期記憶」です。**長期記憶に入った記憶こそが、試験でも使える知識になる。しかも、この長期記憶には容量制限がない。なので、みんなが目指すべきはこの長期記憶をどんどん増やしていくことなんです。**

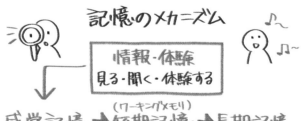

記憶のメカニズム

情報・体験
見る・聞く・体験する

感覚記憶 ➡ 短期記憶 ➡ 長期記憶
（ワーキングメモリ）

情報を瞬間的に保管。必要ない情報は次々と消される。

海馬のワーキングメモリに運ばれ約1分とどまる。

何度も繰り返される特に重要な情報のみ長期間残される。

ワーキングメモリを節約しよう

　この長期記憶を増やしていくのに重要なのが、「ワーキングメモリの使い方」なんです。さっき言ったように、ワーキングメモリにはめちゃくちゃ厳しい制限があるので、なるべく有効活用したい。例えるなら、ワーキングメモリは「あなたの机の上の作業スペース」。スペースが限られているから、いっぺんにあれもこれも資料やテキストを広げることはできません。だから、このスペースは大切に使いたい。

　ワーキングメモリにはいくつか特徴があります。まず、複雑で難しい情報を処理するとき、多くのワーキングメモ

リが使われてしまうの。例えば、こども向けに書かれた、ひらがな多めの本を読むのにはそれほど労力を使わないけど、よくわかんない漢字がいっぱいで、難しい政治や経済のことが書かれた新聞記事を理解しようとするとすごく労力がいるよね。これは使っているワーキングメモリの量が違うからなんです。

これまでもくどくどと言っている「自分の能力に合ったレベルの勉強」を推奨しているのは、このためでもある。難し過ぎることを理解しようとすると、ワーキングメモリがたくさん使われてしまって、勉強の効率が下がるんです。仮にレベルが合っていても、テキストがごちゃごちゃしていて読みにくかったり、一度にたくさんの概念を詰め込みすぎても、ワーキングメモリの消費量は多くなる。

逆に、整理されていて理解しやすい形で学習することや、複雑な概念を細分化して学ぶことで、ワーキングメモリは節約できる。また、もうすでにあなたが持っている知識と新しい情報を統合しながら学ぶことは、ワーキングメモリから長期記憶へ移行しやすくなることがわかっているよ。

あともうひとつ。勉強しているときに「受験に失敗したらどうしよう……」とか「親がうざい……」とか、勉強とは直接関係のないことを考えたりすることも、なんとワーキングメモリを消費してしまう。あとは、机が散らかって

いたり、気が散るものが沢山おいてあっても、これまたワーキングメモリの消費を増やす。なので、効率的な勉強を実現するには、とにかく環境の整備。これ、とても重要なのがわかるね？

このワーキングメモリの話は、この先でお話しするいろんな戦略と関連しているので、頭の片隅に入れておいてね。

６割マルで、「フロー状態」に入ろう

勉強するときの基本ルールその１について。くどくてごめんだけど、「これならまあまあできるな」とあなた自身が思える「ちょいムズ」のレベルをやり続ける、という感覚を忘れないで。じゃないと勉強が本当にマジでそっこー嫌になるよ。**勉強では「６割マルがとれるところから始める」を鉄則にすること。**

もしこれまでの人生で勉強をサボりまくってきた人が今から心を入れ替えて勉強しようとしてるなら、プライドが傷つけられるくらい前に戻らないといけないはず。でもこれは避けられない。今まで適当にやってきたんだからしょうがない。大丈夫、私は高校２年生の夏にして、小学校４

年生レベルまで戻ったんだから。「ビリギャルよりはマシだ！」と胸を張って戻りなさい。

　重要なのは、「自分ができること」と「できないこと」に真摯に向き合って、戻る勇気を持てるかどうかということ。ここで差がつくよ。坪田先生がよく言ってたのは、「一段一段、足元をちゃんと見ながら、着実に階段を上がっていく」イメージを持つということ。面倒くさがって2段飛ばしで上ったりすると、必ずあとで伸び悩むことになる。

　ちょいムズのレベルに取り組むことをこんなに推す理由がもう一つある。それは、「集中力が保ちやすい」からなの。

　もしあなたがゲームやったことがあるならわかると思うんだけど、ゲームってプレイヤーが「時間の経過や自分の感覚を忘れるくらい集中するゾーン」に入れるように設計されてる。

　例えば、あなたはいま新しく買ったゲームのソフトを初めてプレイしようとしてる。いきなりめっちゃ難しい操作を要求されることはたぶんまだなくて、まずは手慣らしに、割と簡単なレベルからはじまるよね。そこでプレイヤーは、そのゲームのルールや操作方法を少しずつ理解する。

　プレイするうちにどんどんそのゲームに慣れていって、

あなたのスキルはどんどん磨かれていくのに、ゲームの難易度がまったく変わらず、同じようなことをずっとさせられていたらどう？　絶対すぐ飽きるよね。全然面白くない。どうせすぐメルカリで売るよ。じゃあ逆に、まだ全然スキルや武器が揃っていないのに、ラスボスみたいなのがいきなり出てきて絶対勝てないようなバトルさせられたらどう？　しかもこれがずっとこの先も続くようなゲームなら？　やっぱりメルカリ行きだよね。

　そうならないように、大抵のゲームは、プレイヤーのスキルが上がった頃に、難しすぎない程度にちょうどよく、難易度も上がるようにデザインされてる。これがまさに「6割マルがとれる」感覚。**「自分の能力よりちょっとムズい」タスクを攻略することが、私たち人間は一番やる気になって、しかも楽しめる。**

　つまり、ゲームとは、次々と新しい「適度な挑戦」に取り組めるようにできていて、しかもその挑戦に勝ち、プレイヤーが新しいスキルや武器を獲得すれば、すぐさままたさらにちょっとだけ難易度が上がった次の挑戦がやってくる。だからゲームはやめられない。あともう少し、あともう少し、と思っているうちに朝がくる。

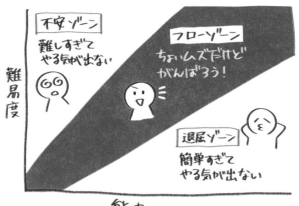

　こんなふうに「自分の能力」と「取り組むレベル」が合っていると、フローという状態、「時間の経過や自分の感覚を忘れるくらい集中するゾーン」に入ることができます。

　そしてこの方がフロー理論を提唱したチクセントミハイさん。

　ゲームだけじゃない。サッカーに夢中になれるときも、ダンスに夢中になれるときも、本や虫の研究に夢中になれ

るときも、そこには「自分にとって適度な挑戦」がいつも存在する。勉強だってまったく同じこと。勉強ができる人は、この感覚を持っているはず。少なくとも「集中して勉強できた！」という感覚は、このフロー状態に入ることで得られます。だから、あなたには勉強中にできるだけ長く、この「フロー」に入ってもらいたいの。そのためにも、まるでゲームをつくるような気持ちで、自分の勉強そのものをゲーム化してくれたら理想。

ポモドーロ・テクニックを活用しよう

とはいえ、フローに入るってまあまあムズい。そこで、フローに入るためにとっておきの方法をお教えしよう。ずばり、「ポモドーロ・テクニック」で勉強すること。

25分だけ全力で集中して、そのあと5分休憩、そしたらまた25分全力で集中、それで5分休憩。この25分集中、5分休憩、のサイクルを4回やったら20分休憩する。 たったこれだけのことで、がむしゃらに長い時間勉強するよりフローに入りやすくなる。

人間の集中力って、そんなに長く続かないのね。特に現代の人って、15分の動画すらも集中して見られなくなっ

てるくらいだから、仕組み化しないとなかなか難しい。でもこれなにがすごいって、25分だけ集中！　と思うと、短距離走みたいに不思議と全力で走れる。5分休憩するだけでも脳がリセットされて、また新しい25分ちゃんとフローに入って勉強しやすくなる。その代わり、この全力集中「25分」の間はスマホも見ちゃだめだし、他のこともしちゃだめ。目の前の勉強のことだけを考えてね。

　このポモドーロ・テクニックを使って、「短期集中！」×「何度もやる」を基本にすると、「あれ！　私今日気づいたら7時間も勉強してるじゃん！　気づかなかった!!」みたいな奇跡が起き始めるから、ぜひ試してみて。「自分は集中力がない」と信じ込んでいる人も、こんなふうに集中しやすい方法を使って、少しずつ「集中して勉強できた！」という実績を積み上げていくと、まさに自分に対する信頼「自信」が積み上がっていくよ。

　休憩ってなにをすればいい？　おすすめは筋トレ。プランクでも、スクワットでも、腕立てでもいい。勉強って長くやってると血流止まるので「腕立て10回！」とか決めてやると、健康にもいいし頭も冴える。とにかく休憩は「なにをやらないか」より「なにをやるか」を決めるべき。「小休憩の5分の間はスマホに触ってもいいですか？」とよく聞かれるんだけど、私ならせめて20分の大休憩まで触らないかな。5分の休憩が終わっても絶対すんなりやめられ

ない自信あるし。

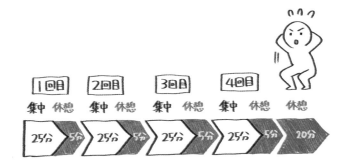

できない問題を「さがして」「つぶす」

　もうひとつの基本ルール。これからあなたはそれぞれの
教科で「自分に合ったレベル」を見つける。そして「階段
を一段一段上っていくような感覚」で勉強していく。そう
やって「できる」「楽しい」というモードに入っていくわ
けなんだけど、それでも当然「解けない」「知らない」「わ
かんない」問題にぶち当たります（ぶち当たらなかったら
レベルを下げすぎ）。ときには連続してぶち当たることも
あるだろう。

　すると、断言しよう、「ああ……やっぱり自分って頭が

悪いんだわ……」とすべて投げ出したくなるような衝動に駆られるだろうよ。絶対そうなる。ただし、毎回このネガティブ思考と付き合っている暇はないの。そんな暇があったら、すぐに心の中でこう叫ぶようにして！

「あっぶねーこれが本番じゃなくてよかった!!!」

たしかにこれが試験本番だったら終わりです。でも、いまはただの練習。練習試合ですらない、ただの練習（ここでいう「練習試合」とは模擬試験、あるいは過去問にマジで取り組むとき）。

できるようになるために練習しているんだからできなくて当たり前だし、これからできるようになればいいだけなので、いちいち騒いだり落ち込まないで。むしろ「今日は"できないところ"をこんなに見つけられた！　なんてラッキーなんだ！」という、スーパーポジティブさんでいるくらいが、ちょうどいい。解けなかった問題は、あなたの伸びしろでしかないのよ。そして同時に、「次に同じ問題が出たら絶対に正解してやる」と、復讐を誓うような気持ちでその問題を「つぶす」の。できなかった問題は、一回で潰す覚悟でものにして。それでも「前にやったのに、また間違った……」ということもある。そういうときは、その問題を一度で潰せなかった自分の努力不足を自覚して。復習をサボったせいです。地頭のせいじゃないからね。

できなかった問題・知らなかった単語は「お宝」です。勉強をするのはお宝を探すためだと思えば、間違ったって悲しくない。そしてお宝を見つけたら、自分のものにする！このマインドで勉強してほしいの。そしたらもう、無敵になれる。

学校の勉強との付き合い方

　私みたいに勉強を長年サボってきた人や、逆に進学塾や鬼の自習などでがんばって単元を先取りしてきた人は、学校の授業内容は今のあなたのレベルには合っていないはず。こういうときは、もう最終手段だけど、一旦学校の勉強は無視するしかない（学校関係者の方ごめんなさい！怒らないで）。これはかなしいかな、勉強ができるようになるためには必要なことなんです（怒らないで聞いて！）。

　私が「うっし、慶應いくぞ？」って盛り上がって勉強をはじめた高２の夏休み、坪田先生の塾で、小学校のドリルや中学レベルのテキストからやり始めてたって言ったよね？　夏休みが終わって学校が再開しても、まだ中学レベルのテキスト（しかも塾で買ったやつだから学校では使ってないやつ）を授業中にモリモリやっていた私。夏休み前

までは、授業中はだいたい寝てたり、弁当食べてたり、プリ帳作ってたり、友だちにお手紙書いたりしてた私が、なんか知らんが勉強してる。でも、そのテキストは中学レベルで、しかも先生が見たことないやつ。まあ、突っ込まれるよね。「おまえなにしてんだ？」と。

「さやかね、慶應行くことにしたよ先生！」と言うと、「授業も聞かずに、今頃中学レベルのテキストで勉強してて慶應か？　すごいな」みたいな嫌味を言われたのを覚えてる。でも、このときの私の目的は「学校でいい成績をとること」でも、「学校のテストでいい点数をとること」でもなく、「慶應大学に現役合格すること」だったわけなので、その目的に沿った勉強をしていただけ（「推薦入試」を狙っている場合は、あなたの目的は「学校でいい成績をとる」ことなので、私の真似はしないでよ！　あなたの場合は真面目優等生を目指すのが正解だよ）。**何事も、「なんのためにこれをやるのか？」を常に意識して行動や戦略を選ぶことは重要で、受験の場合はここを忘れると、無駄かもしくはとても非効率な時間の使い方になってしまうので注意。**

　このとき、私のクラスではもちろん「高校2年生が学ぶべき範囲」を扱っていたわけで、それは私にはレベルが高すぎて、やる気が起きないのも当然（サボってた私が悪いんだけど）。レベルに合わない授業に、わかってもいないのに無理やりついていくくらいなら、その時間を使って自

分が「フロー」に入れるレベルの勉強をやった方がいい。仮に、授業を無視しないといけなくても、その方が効率がはるかに良い。

　本当は学校でも「それぞれの生徒のレベルに合った勉強」ができれば一番いいんだけど、学校の先生はひとりで40人くらいの生徒を指導しないといけない仕組みになっているので、「ひとりひとりの生徒のレベルに合った指導をしてよ」と学校の先生にお願いするのは先生がかわいそうなのでやめましょう。先生のせいじゃなくて、仕組みの問題。あなたは自主的に「自分のレベルに合った勉強」をやればいい。学校の授業を無視なんてできないです！　というなら（そういう君は私より偉いぞ）、一刻も早く学校の授業のレベルに追いつけるように家で自習をモリモリがんばれ！

　それでね、面白いことに、自分のレベルに合った勉強をフロー状態でやり続けてたら、突然、学校の授業がめちゃくちゃ簡単に聞こえる瞬間がやってきます（これ感動するからぜひ体験してほしい）。そうすればもう学校のテストなんて、適当にニヤニヤ聞いてるだけで点数は簡単にとれちゃうはず（私は高3の終わりの方は、学校のテストはノー勉でほぼ100点とれるようになった）。だから、学校の勉強のレベル、カリキュラムやスケジュールがあなたの目的に沿わない場合は、一旦無視させていただいて、自分の目

の前の階段を一段ずつ上っていくことを優先してください。

ストップウォッチを常備しよう

　受験は結局、「時間との勝負」です。約2時間の試験も、数年かけて取り組む受験勉強全体も、成果を出せるかどうかは結局、時間との向き合い方にかかってる。**だからとにかく、練習の時からいつも「時間を意識する」こと。そして「時間に慣れておく」こと。**

　特に当日は緊張して、いつも通りのパフォーマンスを発揮できなかったり、テンパっちゃっていつもより時間がかかったりすることは大いにあり得るので、当日平常心を保つためにも、「時間を味方につけておく感覚」はとても大きな武器になります。

　まず、ストップウォッチをゲットしてください。持ってない人は100均でもAmazonでもいいので、すぐに手に入れてください。ちなみにスマホでも時間は計れるけど、スマホはNGだよ。勉強机にスマホなんて置いてあったら、触りたくてウズウズしちゃうに決まってるんだから、スマ

ホはダメ。

　このストップウォッチで、基本的にはなんでも時間を計って！　そして、かかった時間は片っ端から記録しておく。そうやって計測と記録を繰り返していると、問題に手をつける前に、あるいは参考書を開く前に「どれくらい時間がかかりそうか？」がパッと予想できるようになってくる。

　まずはざっくりとでいいので、「時間目標」を立ててみよう。例えば「よし、この英文を２分30秒以内に読み終えるぞ」って決めて、ストップウォッチよーいスタートで、読み始める。読み終えたら、ストップウォッチを止める。そしたら５分かかっていた。おい、倍かかってんじゃん！最初はそれでいいんです。だんだん速くなってくるから。こんなふうに問題やページや文章など、毎回「区切りがいいところ」を決めて、時間を計る。テキストによっては、この問題は○分以内に解いてね、みたいな指示があったりするけど、理想はそれよりもうちょい早い時間で設定したい。そうだな、目標２分、と書いてあったら、１分30秒を目標にしてみる、とかそんなかんじ。

　ふだんからこういったタイムプレッシャーを自分にかけておくと、「フロー」に入りやすくなるし（ゲームもだいたい時間制限あるでしょう？）、試験本番でもパニックに

なりにくくなるよ。**あと、時間を計る最大のメリットは、やっぱり「成長を可視化できる」ということ。**はじめは500語ある英文を読み切るのに5分かかっていたけれど、2度目では4分、3度目では3分、4度目ではついに2分30秒で読みきれた！　となればこれは完全に文句なしの「成長」といえます。

　そして**「自分が成長している」ということを自分に認識させるのはとても大事なこと。私たちは、自分ではなかなか「自分の成長」に気づくことができないからね。**ストップウォッチをお供に、時間を味方につけるべし！

ノートは「あたまの整理」を するためのツール

「ノートをとる」のはなんのため？　「頭の中を整理して、理解する」ため、だよね。だから、もし「授業中に先生が黒板に書いたものを、ただそのままノートに書き写す」だけなら、ノートなんかわざわざとらずにスマホで写真とって保存すればいいよ。そのほうがよっぽど効率的だから。

　ノートをとるときに意識してほしいのは、「理解したい内容を、理解するためのプロセス」を可視化するイメージ。私、学校の授業ってあんまりきいたことがなくて授業中

ノートとったことほとんどないから経験談っていうよりも想像なんだけど、例えばもし学校の先生が黒板で説明するスタイルの授業でノートを取る場合、私ならこうするかな。

　まず、先生の話をきくよね。で、どうなんだろう、大抵の先生は黒板とかホワイトボードにきれいに書いて説明するのかな？　それがめっちゃくちゃわかりやすかったらそのままパクって、でもなるべく見ずに、頭の中で再現しながら自分のノートにも書き写せば良いと思うんだけど、できれば先生が話した＆書いた内容を自分の頭の中で噛み砕いて、それを自分の言葉に置き換えて、それをノートに反映させる。

　理解できてもいないのに、「とりあえず書いておかなくちゃ」という気持ちなら、別に記録しなくていいかも。どうせ見返さないし、忘れるしね。あんまり意味ない。

　学校でノートをほとんどとったことない私は、ではどこでとっていたのかというと、家でひとりでノートつくってました。坪田先生は「授業」はしない人だったので、基本的に全部自習。だから、ノートはやっぱり「頭の中を整理したいとき」に作ります。

　例えば日本史。当時の私は歴史の知識があまりに乏しくて、テキストを読んでもちっとも流れがつかめず、人の名前も地名も出来事の名前も頭に入ってこなくて、こりゃま

ずい、ってなった。理解してないと、暗記ってほんとにできないんだよね。そこで「日本史の教科書を、もう一回さやか流に解釈してみよう！」と思い立って、日本の歴史を、縄文時代から順に自分なりに頭の中で整理をして、それをノートに書き出してみた。意識したのは、ここでも「点（ひとつの歴史の人や事象）と点（他の歴史の人や事象）をつなげて絵を描くイメージ」。

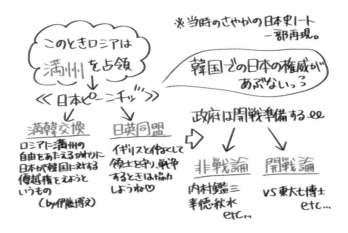

こんなふうに、ノートは「書き写す」ものではなくて、「理解したいことを、理解するためのプロセスの可視化」であるという意識を持ってノートをとれるようになると、思考停止したまま黒板をノートに書き写す、ということがいかに無駄なことかがわかってくるよ。

「勉強日記」でメタ認知を鍛えよう

こんなふうに、「やべえ、このまま日本史暗記しても私無理っぽいな……まずは歴史の流れつかんだほうが良さそう、じゃあノートつくろっと」とか、「やっぱ"おもろ"とか"こいつキモ"とか、感情が伴ったほうが記憶に残りやすいんだな、じゃあ無理矢理にでも、歴史上の人物をおもしろキャラクターに見立てちゃおう！」とか、ギャルなりに考えながら勉強してた。

こんなふうに、自分が今できていることと、まだできないこと、特に自分のなかで強化したほうが良さそうな弱点を常に分析して、どんなことをしたら克服できるのか、自分の行動や戦略を見直したり組み立てたりする能力を「メタ認知」と呼ぶよ。これね、受験で勝つには、ものすっっっごい重要なスキルです。

私流なんだけど、メタ認知を鍛えるにはいくつか方法がある。

ひとつは、「勉強日記」をつけること。その日の勉強を終えるとき、必ず明日やるべきことを書き出しておく。私はPCでエクセルというソフトをつかって記録してたけ

ど、ノートでもいいし、なんでもいい。毎日必ず、「明日やること」をリスト化しておくこと。こんなイメージ↓

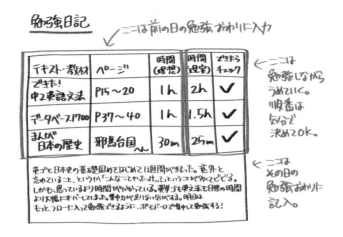

勉強日記

ここは前の日の勉強 おわりに入力

テキスト・教材	ページ	時間（理想）	時間（現実）	できたらチェック
できた！中2英語文法	P15〜20	1h	2h	✓
データベース1700	P37〜40	1h	1.5h	✓
まんが 日本の歴史	邪馬台国へん	30m	25m	✓

ここは勉強しながらうめていく。順番は気分で決めてOK。

英ごと日本史の基礎固めをはじめて2週間が経った。意外と忘れていること、というか「こんなことやったっけ…？」ということがチラホラある。しかも、思っているより時間がかかっている。理想でも現実でも目標の時間より大幅にオーバーしてしまった。集中力が足りないせいもある。明日もっとフローに入って勉強できるように、ポモドーロで集中して勉強する！

ここはその日の勉強 おわりに記入。

　そして次の日、そのリストを実際に潰していく。前の日に決めた分をやり終えたら、リストに記録。そのとき感じた変化や成長（先週より早く英文が読めるようになった！とか）を感じたら、それも一緒に記録しておく。反対に、前の日やるって決めたのに、できないまま1日終わってしまったり、勉強してる中で感じた課題（英単語帳はひととおりやったのに、時間が経って忘れてきてる気がする、とか）は、すかさず記録。これを明日以降の勉強スケジュールに反映させる。

　もうひとつは、「人に教えてみる」という方法。これはノートを作るのと一緒で、「なにかをちゃんと理解したいとき」

におすすめ。人って、理解した気になっていてもあんまり理解できてなかったりするんだよね。これに気づくのがまさに「メタ認知」。だから、ちゃんと自分が理解してるか、覚えてるか不安なときは、人に説明してみるといいよ。

　例えば、「現在完了形」と「過去形」の違いって、説明できる？　これ意外とややこしくて、なかなか理解するのに時間がかかるんだよね。こういう案件は、人に説明してみるといい。相手が、「なるほど！　わかった！」って言ったら、OK。でも、「ちょっとなに言ってるかわかんない……」っていうリアクションだったら、出直して。ちゃんと理解できてない可能性が高い。

　言語化できないだけで、わかってるんです！　というかもしれないけど、頭でわかってても言語化できないのはちょっと怪しいので、コミュ力の練習にもなるからぜひ、「人に実際に説明する」をやってみて。これ、めちゃくちゃ理解深まるし、自分がわかってないところがわかって超いいから、ぜひやって。

　あとは、私はよく独り言を言うかな（笑）。頭の中で考えてるだけだと見えないものもあるから、いっそ、自分が考えていることを声に出していってみる。「うわーこのテスト完璧だと思ったのに、まだ全然固められてないな。なんでだろ、本文が読めてないのか？　それとも設問を読み間違えたのか？　あー単語の意味がちゃんととれてないせ

いだわ、明日もう一回単語帳一周しとこう」みたいなかんじで、一人でブツブツ言ってる。これやってると、自分の思考を少し客観的に見られるので、メタ認知が鍛えられる。

　とまあこんなようなことをしながらメタ認知を鍛えよう。メタ認知は勉強だけじゃなくて、人間関係や将来の仕事でも抜群に生きます。「空気よめる」人って、まさにこのメタ認知が高い人のことを言うよ。勉強しながらこのスキルまで磨けるって、一石二鳥すぎるね。

なかなか成果が出ない理由

「こんなに勉強してるのに全然結果が出ない。なんで？」はっきり言いましょう。そういう人は、今から言う2パターンのどちらかです。

　ひとつめのパターンは、勉強机に向かってテキストを開いてはいるけど、好きな人のことを考えてたり、アイス食べたいなあコンビニ行こうかなあでも面倒くさいなあ……なんて考えていて、しょっちゅう意識を別のところに飛ばしてない？　それを「勉強してる時間」にカウントしないでよね？　「勉強机に向かってテキストを開いている」か

らといって「勉強してる」ことにはならないからな？ 「勉強」といっていいのは、「フロー」に入ってるときだけ。前のめりになって、なにかに食らいついているときだけです。

　もうひとつのパターンは、勉強のやり方を間違ってる人。まず、何度も言うとおり、自分の能力に合っていない（難しすぎるか、簡単すぎる）問題を、ひたすら我慢してやっていてもだめだからね？　それだと身にならないから「6割できるところ」をちゃんと見極めて。

　あと、「とにかく質より量だ！」とばかりに、手当たり次第に勉強するのも、おすすめしません。ものすごく時間があり余っていて、あえて遠回りしたいよ〜っていう謎の人でない限り、時間は限られているのでやっぱり効率的に勉強してほしい。勉強の効率を上げるには、「目的」を忘れないことです。**「そのテストで点数をとるには、なにができるようになるべきか？」「その問題を解けるようになるには、どんな能力を伸ばせばいいのか？」をよく考えながら勉強すること。**

　例えば、「英語の長文読解で点数を上げたい」が目的なら、そこに出てくる単語を理解してないとまずい（英単語を覚えよう）。文章を理解するために、英語の構文がとれないとまずい（中学レベルの英文法を完璧にマスターしよう）。

長文を読み切るだけの集中力が続かないとまずい（精読の
あと同じ長文を何度も読んで長文に慣れる練習をしよう）。
こんなふうに、「なんのために、これをやる」を常に意識
して勉強する（メタ認知）。「なぜやるか？」をたいして理
解せず手当たり次第勉強してると、効率も悪いし理解度も
下がるので、常にメタ認知を働かせながら勉強、だよ。

　あと、「順番」も超重要です。「よおし！　英語長文読解
がんばるぞう!!」と言って、英単語も中学英文法もまだへ
なちょこなのに、いきなり速読の練習に入る人がいますが、
何度も言うけど、階段を一段一段上っていくイメージを忘
れないで。基礎を怠ると絶対にあとで伸び悩む。

　もしあなたの成績がなかなか上がらないのだとしたら、
あなたの頭が悪いからではなく、**集中して勉強できていな
いか、勉強の仕方が間違っているかのどちらかです。**この
本で正しいモチベーションの上げ方と、正しい勉強の仕方
を学んで、自分の新境地を体験してください。「初めて集
中して勉強できた！」「理解するってこういうことかあ！」
が体験できると、どんどん勉強が楽しくなるはず。そうなっ
たらもう、人生変わるよ。

参考書と問題集の選び方

　受験勉強において必要になるものは、基本的には、過去問、参考書、そして問題集だよね。ここではひとまず過去問の話はおいておきます。そして問題集の選別は特に重要。**みんなは「試験」つまり、アウトプットの場で良い成果を残すために勉強するわけなので、参考書（インプットするもの）よりも問題集（アウトプットの練習）が圧倒的に重要だというわけです。**

　では、良い参考書と問題集の条件ですが、大きくわけて3つある。

　ひとつ目は、「目次」や「この本の使い方」「勉強の仕方」が明確であること。この本を使ってどんな内容をどんな順番で学ぶのか、といった勉強の仕方が具体的に、わかりやすく書いてあるものを選びましょう。これはね、前話した「ワーキングメモリ」の消費量にも関わってくるのでとても大事。レイアウトが複雑なだけで、余計なワーキングメモリを使ってしまって勉強の効率が落ちます。なのでシンプルで使いやすいものを！

　そしてそのうえでさらに重要なのは、「あなた自身が納

得感を得られるものを選ぶ」ということ。結局、自分が納得して腹落ちしないと続かないからです。**あなたの大事な時期の大事な時間をその本に使うことになるわけなので、もはやその本はあなたの「冒険の相棒」とも言える。**そういう意識で選ぶと、そんなに信用しているわけでもない人がすすめているものや、まだ受験をしたこともないような友人が使っているというだけで、なんとなく選ぶわけにはいかないよね。

　ふたつ目は、解説がとことん詳しいもの。塾に行っている人も行っていない人もこれは同じことなのだけど、自分がわからなかったり間違えたりした問題があっても、その本に詳しい解説が載っていればわざわざ先生に聞きにいく必要は特にないです。「読めばわかる」からです。むしろ、「読んでもいまいちわからない」ものは、あまりいい本とは言えないよね。あんまり意味ない。だから、答えしか書いてないものだったり、解説が難しい言葉や表現で書かれていて読みにくいものは避けましょう。買う前にペラペラページをめくって、少し読んでみるとすぐわかるよ。**「言っていることが8割わかる」くらいのものを選ぶとちょうどいいです。**

　問題集の解説でわからないところがあれば、参考書で詳しく調べたり、ChatGPT や YouTube 等を活用してあなたが理解できる解説を追い求めよう。そんなに時間はかから

ないはずだよ。

　みっつ目は、もう言い過ぎてイラつかれる頃かと思うのだけど、**問題の難易度のレベルが自分にちょうどいいものです。難しすぎたらやる気が起こらないし、簡単すぎても新しい学びはありません。「〇が6、×が4」くらいの問題集を選ぶようにしようね。**

　問題集の適当なページを開いて問題をざっと見てみて。わかる問題が6割、わからない問題が4割くらいあれば、それがあなたにとってちょうどいいレベルの問題集です。

　巻末に坪田塾が使っている「おすすめの参考書リスト」をもらったので載せとくね。

プラトーを乗り越えよう

「さやかちゃんが言ってるようにやってるよ！　それでも伸びないよ！」という人に、ひとつ覚えておいてほしい言葉があります。

「プラトー現象」といいます。プラトーって「高原」って意味があって、ずーっと景色が変わらないイメージから来ています。すごいがんばって歩いてるのに、いつまで経っ

ても周りの景色が変わらないと不安になってくるよね。そんなかんじ。一生懸命努力しているのに、成長感覚がなかなか味わえない時期のことを言います。なにか新しいスキルや能力を磨いているとき、このプラトー現象はつきものです。

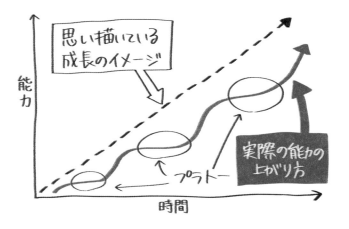

成長って、そんなに直線的にぐんぐーんとはいかないのよ。実際は、ちょっと進んでは止まって、また進んでは止まって、というイメージ。だから、「ねえ、私成長してる……？」と不安になるのは当然。大丈夫。正しいモチベーションと正しいやり方をマスターしていれば、ちゃんと伸びるよ。ただ、このプラトーに入ると、まただよ、「やっぱり私って地頭悪いんじゃ……」という考えが頭いっぱいに広がってくる。

だからそういうときは「**プラトー来てる〜うぜええ〜**」っ
て叫んでれば良いです。あなたの頭が悪いんじゃないです。
プラトーがやってきただけです。そしてこのプラトーは、
誰にでもやってきます。たぶんあの大谷翔平さんにだって
プラトー現象は起こっているはずだよ（そう思うとなんだ
か安心するね……）。ここでめげず、努力を続けた人が、
プラトーを抜けたあと、またぐっと成長できるよ。プラトー
に負けるな！

眠いときは15分寝てしまえ

眠いときはね、勉強したってどうしても身が入らないか
ら、思い切って寝たほうがいい。眠いままがんばって1時
間勉強するよりも、15分だけ（アラームかけてよ！）寝て、
あとの45分を集中して勉強したほうが、明らかに効率良
いよ。

コツは、机の上とか、トイレの便座に座ったままで寝る
とか、「居心地の悪い場所」で寝ること。ベッドでなんか
寝ちゃったら2時間くらい寝ちゃうから注意。終わりです。

なので、眠すぎてもうやばいときは、割り切って15分

だけ寝る！　そしたらものすごくすっきりする。つっかえがとれたみたいに。あとは集中して勉強！　これに尽きる。

脳みそにちゃんと餌をやろう

　ごはんは、食べ盛りの皆さんはしっかり食べようね。勉強って意外とカロリー使うから、栄養とってないと勉強効率が落ちるので注意。

　私はお母さんに頼んで、ちっこいおむすびを3～4個毎日塾に持って行ってた。「お腹へったなあ」は、これつまり集中力が落ちて効率が落ちるので、お腹が減ったら即座におにぎりを口に放り込む。

　あとは、ブドウ糖キャンディーをいつも持ち歩いてた。ドラッグストアで買えるよ。

これ。

　脳みそがつかれてきたら、このキャンディーを食べて。ちょっと元気になる気がするから。脳みそに餌をやる感覚ね。

　脳みそって「糖」で動いてるから、なにも食べなかったり、栄養が行き届かなかったりすると本当に働かなくなる。だから、毎日なにを食べるか、ちゃんと食べてるかは受験中ものすごく重要です。

ストレス解消法

　受験中はどうしてもどうやってもストレスが溜まるのは

もう仕方ない。溜まらない人がいるのならむしろどうやってやってるのか私に教えてほしいくらいだ。

　私はストレスが溜まるとジムに筋トレ＆ちょっと有酸素しにいったり、ヨガのレッスン行ってふかーく呼吸して心を休めたり、お散歩しにいってボーっとしたり、サウナ入ったり、カラオケでテキーラ２ショットかまして安室ちゃん歌ったりしてるけど（これ世代ばれるな）、みんなはどうやってストレス発散してる？

　私が受験してたときにやってた非常に地味な解消法をお届けするよ。よかったら受け取って。

１．枕を顔に当てて大声で叫ぶ

　これは疲れたらよくやってた。深夜とかだから、普通に大声だして暴れたら近所迷惑になるけど、枕を顔に押しあててやってごらん。枕が声を吸収してくれて思う存分大声で叫べます。枕を「くそ！　くそ！」とか言いながら殴ったりもしてた（こわすぎ）。

２．英語でNetflix見る

　これは大学院受験のときにやってたんだけど、ただ動画を見る、だと、これものすごい罪悪感で死にそうになるよね。「休憩なんかしてる場合じゃないのに、私はいまどうでもいい動画を見ている……」と思いながら動画を見るこ

とになって全然楽しくありません。

　そこで私は考えた。英語の勉強の一環にしてしまえばいいのでは……？と。

　英語の Netflix を、英語の字幕で見る。できれば、Language Learning with Netflix っていう Google Chrome の拡張機能を PC に入れて見るといいよ。1文ずつ勝手に停止してくれるし、日本語でもどういう意味か解説してくれるし、何度もその箇所を再生できるから英語の勉強になる。

　ただ、正直これは受験英語というか海外留学に必要な英語力だから、「受験英語だけでいいです」という人にはおすすめしない。時間の無駄になるから、やっぱり Netflix を観てないで1分でも長くフローに入った状態で勉強して。

3．日記を書く

　前に紹介した勉強の記録とは違って、この日記は感情を吐き出す場所。これは、坪田先生にすすめられて私もやってたんだけど、自分の頭の中のモヤモヤを全部紙に書き出すの。そうするとね、不思議と、自分でもへえって思うような言葉が紙に書き出される。自分の思考って、意外と自分ではわかってなかったりするのよね。

面白い研究があって、ある大事なテストの前にグループを２つに分けました。一方のグループには「そのテストに対してどういう不安があるか？」を紙にそのまま書き出してもらって、もう一方のグループにはまったく関係ないこと（例えば「昨日の夜なにしてた？」とか）を紙に書き出してもらったんだそう。その結果、「不安を紙に書き出したグループ」の方がテストで明らかにいい結果を残したんだって。事前に自分の気持ちを書き出す、ただそれだけで、テストの点数が上がったってわけです。

　ええ！　ほんとにそんなんでテストの点数が上がるんすか？って思うよね。でも、実際テストの直前に「心のひっかかり」を書き出しておくと、なんとなくいつもより少し良いパフォーマンスが出せる気がしなくもない。私たちのパフォーマンスって、こういう小さなことで簡単に上がったり下がったりするもの。

　恋愛だって、スポーツだって、スピーチだって、ちょっとした緊張から動揺が走って、普段通りできなくなるものでしょ？　うまくいかせられるかどうかは、しょせん私たちの心の状態に支配されてる。メンタルつよつよ人間の勝ちなんです。だから、**ここぞ！というときに自分の心を落ち着かせる術を身につけておくのはとても重要。**

４．ビニール袋を二枚重ねにして皿を投げる

これはうちのお母さんが教えてくれたストレス解消法なんだけど（うちのお母さん大丈夫かな）ビニール袋を二重にして、その中にいらないお皿を入れます。そしたら袋をしっかりと、隙間がない状態までかたくしめて、そのお皿が入った袋を、おもいっきり壁か地面に投げます（なるべく硬いところ）。

そうするとお皿が割れて、でもガラスが散らばったりせずそのまま袋ごと捨てられるので、おすすめです。地味だけど、スッキリする。

あんまりやりすぎると家のお皿なくなっちゃうので注意。

5．ボクシングセットを買う

私最近ボクシングを習い始めて、これとてもいいよ。あんなに思いっきりさ、なにかを殴って良いなんて、今までそんな環境なかったじゃん。それが思う存分、おもいっきり殴れるんだよ、めちゃくちゃスッキリするよ。そしていい有酸素運動になる。

あなたたちは時間がないのでジムとか行ってらんないでしょうから、家で簡易のボクシングセットを買うと良いと思うわ。

正しい努力が、
新たな可能性の扉を開く。

PART4

実践編

Practice

勉強と試験の違いを理解しよう

　ではここからは、全国模試で偏差値が 28 だった私が、坪田先生の指導のもと、どんなやり方で勉強をして、どうやって偏差値を 72 まであげて慶應大学に現役合格したのかを詳しく説明していきます。

　まず、「勉強」と「試験」の違いを理解することが大事。毎日の勉強というのは、これまでもずっと言ってきた通り、「×を〇にしていくもの」なのね。できないものを探して、できるようにしていくのが勉強。だから、勉強ができなくてへこむ必要はないよって話をしたよね。そこを着実に〇にしていくのが勉強なんだから。

　でも、「試験」ができないとなると話が違う。**試験というのは、「〇にできる問題を、〇にするための場所」なんです。**つまり試験までは、〇にできる問題を可能な限り増やしておきたいわけだけど、試験のときは〇にできる問題を正しく表現しないと意味がない。ここで×になったらダメなわけです。だから、本番に備えた練習（勉強）のうちに、×を探して〇にしていく作業を徹底的にやっておくことが必要なんです。まずはここの違いをちゃんと理解してほしい。OK ？

　では、ここで勉強の工程を確認してみよう。

　勉強といえば、①問題を解く　②○×をつける　③解説を読む　④もう一度解く

　だよね？（さらに前の「参考書などでインプットする」工程は一旦おいておくよ）。多くの人は、③で終わってしまいがちなんだけど、解説読んだだけでそれってちゃんと○になるかといわれると、たぶんなってないのよね。○にできた「つもり」になっただけではダメなのです。

　なので、④は必ずやってね。④がまさに、「アウトプット」になります。インプットしたものは必ずアウトプットしないと身にならないよ。 時間が経ってから（次の日とか一週間後とか）解けるか確認するのが一番いい。復習の仕方は、あとのページで詳しく説明するので確認してね。

予測力を身につけよう

　試験を突破するために、とっても重要なスキルがあります。それは「予測力」です。
　問題をパッと見たときに、「自分ができる問題とできない問題を瞬時に見極める力」のことを言うよ。 これはなぜ

大事かというと、試験本番は時間との闘いだからです。**自分ががんばってもできない問題に無駄な時間をかけずにさっさと捨てて、自分ができる問題をいかに取りこぼさず〇にできるか。** これが、もうものすっっっっっごく大事なんです。これができるか否かが、合否を分けると言っても過言ではありません。

　でも多くの人は、頭から順に、きれいに全部やろうとする。そうやってできもしない問題にクソ真面目に向き合って時間をロスした結果、後ろの方にあった「練習だったらできたのに！」問題を落として、不合格になる可能性を高くしてしまう。これはもう絶対に避けたいよね。

　なので、練習のときからこのスキルを磨いて、クセづけておくべきです。

　そのためにやるべきことを言うね。これは、私が慶應受験のとき、坪田先生に教えてもらって実際にやっていたことだよ。

　まず、参考書やテキストを開いたら、問題を解く前に各問題に〇×△をつけていきます。
　〇は、できると思う問題。
　×は、できないと思う問題。
　△は、できるかできないかわかんないは、やってみない

とわかんない問題。

それから、時間を計りながら解いてみよう。解き終わったら、答え合わせ。自分の予想が合っていたか確認するよ。

予測力がつくまでは、たぶんこの予想はまあまあ外れます。でもそれで大丈夫、これを続けていけばだんだん予測力がついてきて、自分の予想の精度が上がってきます（問題の正答率じゃないので注意だよ）。

こうして、「自分の能力」と「問題の難易度」を冷静に判断できて、どの問題を優先すべきかを瞬時に見極める力がつけば、試験本番であなたの能力でとりうる最高得点を獲得できます。

マルの問題はやらなくて OK

ここでもう一度確認。勉強とは、なんのためにするんだったっけ？「×のものを○にするため」だよね？

じゃあ究極ね、もうこの時点で○のものはもう○なわけだから、やらなくてよくない？　ってなるよね。○のもの

にどれだけ時間をつかっても、もう○なわけなのであんまり意味がない。**そんなことより、×を見つけて○にすることに、あなたは注力すべきなんです。**

　なので、あなたに予測力がついてきたら（最初につけた○×△がだいたい合ってくるようになったら）、○のものはやらなくていいです。×と△だけ全力でやればいい。

　こうすることで、勉強をはるかに効率的にすすめることができるよ。ただし、○だと思っていたけど本当は○じゃなくて×だった、というのを取りこぼさないように、まずは予測力をつけるまでは全部やるようにしてね！

　なので、予測力がついたあとの勉強の工程は、こんな風になります。

①○×△をつける
②×と△の問題の解説を見て理解する
③×と△の問題ができるようになっているか確認する
　（アウトプット）

　×の問題はいくら時間をかけたってできないのだから、いきなりがんばって解く必要ない。△はもし時間を少しかけたらできるなら、自力で思い出す作業は有効なのでやってみるといいよ。ただしあまり時間をかけすぎないこと。

わかんなければ、解説をさっさと読んで○にして。次にやるときにできればいいんだから。

　この効率化をやるときの大切なポイントは、「アウトプットをちゃんとやる」ということです。私はその単元を終えると、必ず塾で小テストを受けてたんだけど、これがまさにそのアウトプット。解答と解説を見ずに、自分の頭の中にある知識や情報だけを使って問題にちゃんと答えられるか確認する。**ただ解説を読んだり誰かに教えてもらったりするのは「受動的な学習」と呼びます。**だってあなたはこの時点ではまだ情報を受け取っているだけだからね。これだけでももちろん学ぶことはできるんだけど、これだとすぐに忘れてしまいやすいし、理解した！　というつもりでも本当は理解できていなかったりする。

　そこで、このあなたが取り入れたばかりの情報をより深く理解し、記憶にちゃんと定着しやすくするものが「アウトプット」です。これは、**あなたの頭の中にある情報を取り出して使うわけなので「能動的な学習」と呼びます。**私はよく、ちょっと複雑な問題や概念をちゃんと理解したいときは、誰かに「説明してみる」というのをやるといったよね。これがまさにアウトプット。

　あと、このアウトプットが大事な理由がもうひとつある。あとでまた詳しく話すけど、仮に「完璧だ！　もう大丈夫全部覚えた or 理解できた！」と思っても、明日にはその

何割かは忘れてます。人間の記憶力はそんなに強力じゃない。なので、**定期的にアウトプットして、自分が忘れてしまっているもの、理解が乏しくなっているものを見つけて、再度学習しなおすことが超大事。** これを怠ると、穴だらけのまま進むことになって、あとで伸び悩むことになるから要注意。塾などにいかずに自習でがんばる場合も、自分が学んだことがちゃんと頭に定着しているかを、単元ごとにアウトプットして確認すること。これだけ守れば、○の問題はとばして OK。

　こんな風に、×を○にしていく作業を猛スピードですすめていく、と同時にちゃんとアウトプットで強力、かつ抜けのない勉強をしていけば、最短でテストの点数を上げることができます。

過去問を分析しよう

　ここまで力説した「予測力」のお話の続き。試験本番は、「○のものから確実に点数をゲットするぜ」という心意気で臨むべき、というのはもう理解できたよね？

　もうひとつ重要なこと。**配点が高いものから確実に抑え**

たい。だって、同じ５分でも、配点が１点しかないものよりも配点が５点のものに使ったほうが、確実に合格点をとる確率は高くなるからね。

　では、この配点を知るにはどうすればいいかというと簡単。過去問を分析すれば良い。これは「よし！　受験すっぞ？」ってなったら一番最初にやるべき。志望校の過去問をゲットして、なるべく早くやったほうがいいよ。**どんな問題が特に配点が高く、確実に正解できるようにすべきかは、早くわかったほうが対策できるからね。**できれば一度全部解いてみるといいよ。全然できなくていいから。自分が登る山がいかに高いかをちょっとだけ体験するイメージ。間違っても心折らないでね、全部×で当たり前。ここからそれを○にしていけばいいだけの話。

　あとは、過去問を実際に解いてみたり分析してみたりすると、その学校や学部の問題の特徴がつかめてくる。これは、今後のあなたの勉強の戦略にとても重要なヒントをくれます。

　例えば、慶應文学部の英語の問題は、試験時間２時間で長めの英文が１題ドーンと出る。問題数は10問。２時間で10問？　余裕じゃん！　と思ったら大間違い。この複雑な構文と語彙を含む長文をいかに正確に理解できるか、そしてそれを正確に自分の言葉で表現できるかが問われる

試験になっている。ちなみに、慶應文学部は辞書を2冊まで持ち込める。ということは、問われているのは「暗記力」ではないことがわかるよね。わかんない単語があれば辞書で調べられるわけだから（とはいえ、全部調べてたら終わりなので、単語はやっぱりちゃんと覚えていくんだよ）。

　問題数が少ない慶應文学部は、すべての問題の配点が高いと言えるのだけど、特に記述式の問題の配点が高い。「下線部を以下に訳しなさい」「著者がこう言ってるのはなぜですか？　理由を日本語で説明しなさい」っていうような問題があって、英語のテストといえども、あなたの日本語力や論理的思考能力まで試されている。慶應文学部の英語の試験の場合は、こういう問題を確実に正解にしないと合格は難しそうだな、ってわかるね。

　こんなふうに、**あなたが目的地にたどり着くためになにをすべきかは、志望校の過去問を分析すればわかります。**こういった分析はネットで検索しても情報は出てくるけど、できれば受験のプロといえる人と一緒に分析できると良いね。

一度で暗記できるのは特殊能力者だけ

　最初に言っておくけど、「暗記力が弱い」と思っているそこのあなたは、いたって普通なんです。暗記力が弱いのではなくて、それは自分の力を過信しているだけのこと。世の中には一度みただけで暗記してしまえるような能力を持った人がたまにいますが、そういう人たちが特殊なだけで、あなたは私と同じできっと「普通」です。

　そんな「普通」の私たちがすべきことは、とってもシンプル。「何度も通る」ということなんです。一度で暗記するなんて、私たちには不可能。だから根気よく、忘れた頃に再度それを復習する。そうやって私たちはようやく「記憶したいことを記憶する」ことができます。

　例えばさ、家への帰り道を忘れることってある？　ないよね。これまで何百回何千回と通っていて、もはや目をつぶってても感覚で帰れちゃいそうなくらい、体で覚えてる。なんでその状態になったかというと、何度もそこをあなたが「通った」からだよね。何度も通った道は、仮にそのあと引っ越して何年もそこに行かないで、10年経って久しぶりに行ったって、覚えてる。これを「長期記憶」といいます。

シナプスくんの話を思い出して。同じ道を通るたびに同じシナプスくんたちが活発になって、もうつよつよのシナプスルートになっているわけだね。

　同じく、「暗記苦手〜」と言っている女子高生が、大好きなアイドルの踊りや歌詞を気づいたら覚えちゃってるのは、まさに何度もそれを「通った」からなの。何度も何度も動画を見て、繰り返し聴いて、って、それは「復習」しているのと一緒なんです。何度も何度も通ると、その短期記憶は長期記憶になって、なかなか忘れようと思っても忘れられないくらい、その情報は脳みそに深く刻み込まれます。

　ということは、勉強でもなにかを覚えたいなら、同じことをすればいい。**忘れた頃に、復習する。これが「記憶する」の基本です。重要なのは、「どうせ忘れるんだけどな」と最初から割り切っておくこと。ここでなぜか一度で暗記しようと思うから、そのあとやる気が無くなるの。**「うわ、これ前やったのに全然覚えてねーじゃんおれ…記憶力悪すぎ…」ってね。それは当たり前。あなたは特殊な能力の持ち主じゃない。自分の記憶力を過信しないで。一度で覚えられないのは、いたって普通だよ。

忘却曲線に沿った暗記スケジュールを立てよう

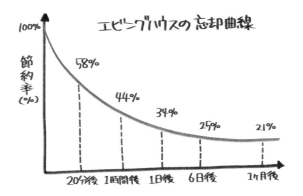

エビングハウスの忘却曲線

100%
58%
44%
34%
25%
21%

節約率(%)

20分後　1時間後　1日後　6日後　1ヶ月後

　これは「エビングハウスの忘却曲線」といいます。エビングハウスっていうおじさんが、どのくらいの時間その情報に触れないと脳みそに「いらないってことでおk？」と認識されて忘れちゃうか、というのを調べて、この曲線を描きました。ついでにおじさんの顔も置いておきます。

　この曲線を見れば、だいたいどれだけの時間が経てば、どれくらいの情報を忘れるかを予測できるわけなので、その「忘れるだろう頃」にもう一度復習すればいいんです。

短期記憶に入って一定期間が経った情報を、脳みそが「もう要らない情報ってことでおk？」って思って捨てようとしているところに「ちょっと待って！　捨てないで!!　これ覚えときたいよ！」とストップかけるみたいなイメージ。それで脳みそが「あ、そうなん？」ってなってもう少しとどめといてくれる。

　でもそのあとまたしばらくここにアクセスしないと、「やっぱり要らないんよね？　捨てまーす」ってなるから、またその頃に「待って！　まだ使う!!」ってまたストップをかけるの。これを定期的に繰り返してると脳みそがあきらめて、「わかったよ、じゃあ長期記憶に入れとくから好きなときに使っていいよ」ってなるわけ。

　ここで重要なのは「アクティブリコール（能動的記憶呼び出し）」で復習するということ。
　単に見返すだけでなく、「自分の力だけでその問題を解けるか」「自分の力だけで単語や用語を思い出せるか」を確認するようにしてください。問題集を使ってもう一度その単元を解き直してみてもいいし、ChatGPTを使って「昨日、この５問を間違えたから復習したい。これらの問題を少しアレンジして新しい問題を出して」ってお願いしてもいい（そうすれば、別の問題集を買わなくても無限に新しい問題に挑戦できるよ）。

　単語や日本史の用語などを確認したい場合はフラッシュカードや単語帳アプリ、あの「緑のマーカーと赤のシート」みたいなやつを使いながらやってもOK。「10秒真剣に考えて、思い出せなければ見る」というルールでやるといいよ。前に話したように、できないものにあんまり時間をかけ過ぎたくもないからね。

　そうやって、残したい記憶には、忘れるタイミングでアクセスする。面倒に感じるけど、それが記憶を残せる一番確実な方法なんです。私たちの記憶力って頼りないよね。でもさ、見たもの聴いたもの全部一つ残らず覚えてたら、きっと頭パンクすると思うの。だから、要らないものは忘れて、必要なものだけ忘れないようにできるのは、意外とよくできた仕組みなのかも、と思わない？

　これをやっていると、例えば英単語帳なんかは結局10周くらいやることになると思う。全部覚えたぞ！　完璧だ！　と思っても、しばらく経つとまたポツポツ穴が出てくるから、そんな頃にまた宝探しをしに行って穴を埋めるんだよ。大丈夫。最後の方はもうほとんど覚えてる単語（○の単語）ばかりになるから。一冊復習するにしても、そんなに時間かからないはずだよ。

「感情」という裏技を使おう

ここで朗報です。これまでさんざん「覚えたいなら何度もやれ！」と根性論みたいなことを言ってきたけど、いくつか一発で覚えやすくできちゃう裏技が、実はある！

そのうちの一つがずばり「感情」を使うということ。自分の過去の経験を振り返ってみてもらうと簡単に理解できると思うんだけど、例えば、好きな人にデートのときに言われた言葉とか、ドキドキした瞬間の情景とか、はっきり覚えていることってない？　反対に、忘れたいけど忘れられない、誰かに言われてムカついた言葉、怖い思いをした事とかもあるでしょう？

これは、「うれしい」「かなしい」「怖い」などの感情（特に強い感情）によって、脳のいろんな部位が急激に活発になって、それと一緒に記憶が強く定着してしまうため。何度も復習したわけでもないのに、鮮明に覚えている出来事があるのはそのせい。この法則を英単語などの学習にあてはめたら、なにができると思う？

例えば、encourage（励ます、勇気づける）という動詞を覚えたいとする。これを、あなたの個人的な体験や物語

に結びつけて例文をつくるの。

Mr. Tsubota encouraged me, saying that I was ugly now, but I could be fashionable again after passing the exam. Damn!

(坪田先生は「さやかちゃん今はひどい格好だけど、合格したらまたおしゃれできるよ」と言って私を励ました。くそっ！)

No one believed me, but only my mother encouraged me to do what I wanted.

(誰も信じてくれなかったけど、お母さんだけは「やりたいようにやりなさい」と励ましてくれた)

　こうすることで、自分とはまるで無関係の例文を眺めるのとは違って、ありありと情景が浮かんでくる、それに伴って感情も湧いてくるよね。これで記憶の定着が強化されます。なかなか覚えられない単語だけでもいいよ。オリジナルの「例文」を作るだけで、覚えやすくなるから、試してみてね。

「イメージ」で覚えよう

　もうひとつ、感情と関連してるんだけど、「画像」で覚

えるのも効果的。この方法は、前に話した「ワーキングメモリ」の消費を節約できます。私は最近英語を猛勉強していたとき、単語を暗記するために〝Quizlet〟や〝Anki〟というアプリに覚えたい単語を入れて（単語帳ごとダウンロードできる場合が多いのでいちいち単語を入力しなくてもいい）、そこに画像を貼りつけていました。

　例えばこんな感じ。

furious（激怒した）という形容詞

serenity（静けさ）という名詞

　これらを〝Quizlet〟や〝Anki〟に入れておくと、英単語と画像をセットで見ることができて、文字だけで覚えよ

うとするより覚えやすくなるよ。

思い出せない？　それでも「なるべく自分で思い出そうとする（アクティブリコール）」を忘れないでね。わからなくても、必ず 10 秒間は答えを見ずに、真剣に考えること。

勝手に「ドラマ化」作戦

私は暗記系の勉強に対する苦手意識が強くて手こずったんだけど、みんなはどう？　特に日本史とかさ（世界史もそうだけど）、マジで今さらどうだっていいじゃんそんなこと……としか言いようがないものばかり覚える必要があって、本当に嫌だった。そんな私からみんなにおすすめの暗記方法をご紹介します。これもある意味、「感情」を利用した裏技です。

私の恩師の坪田先生は日本史オタクで、とくに戦国武将なんて知らない名前がないほどでした。そんな坪田先生が言うには「歴史に興味ないなんてもったいない。あんな面白い昼ドラないのに」ということらしい。高 2 だった私は「いや、歴史のドラマよりイケメン俳優が出てるドラマのほうがいいし」と普通に思ったものです。でも、先生のこの言葉には実はとても大きなヒントが隠されていて、「そ

うか、私好みのドラマに仕立てちゃえば歴史の暗記も面白くなるかもしれない！」とひらめいた。

　歴史の勉強はずばり「勝手にドラマ化しちゃう」のがいい。教科書の説明をいくら読んだって、ドラマ感は生まれてこない。そこで、自分自身の妄想で勝手にそこにドラマをつくりあげちゃうの。そのためにも、図書館に絶対ある「まんが日本の歴史」を１周読んで、ドラマ化のイメージをつかんどくといいよ。

　例えば有名な「本能寺の変」は、圧倒的なカリスマ性を持って天下統一を目前にしていた織田信長が、京都の本能寺に滞在中、突然信頼していた家来の明智光秀に裏切られて討たれた事件。なぜ明智光秀が裏切ったのかいまだに謎だから、物語の背景は勝手に想像し放題だね、楽しい。

＜キャスト＞
織田信長：嵐の松本潤さん／明智光秀：新田真剣佑さん／
森蘭丸：山田 涼 介さん／濃姫（織田信長の奥さん）：橋本
環奈さん

（この話は私の妄想です）
　明智光秀（新田真剣佑）は、長年仕えてきた織田信長（松本潤）に対する尊敬の念を持ちながらも、最近の厳しい支配に耐えかねていた。昨日も信長の機嫌が悪く、「明智！

今すぐ来い！」と呼びつけられ、「明日大坂まで行ってこ
の手紙を羽柴秀吉に渡し、すぐに日帰りで帰ってこい」と
無理難題を押し付けられた。大坂まで行くのに3日かかる
のに、どうやって日帰りで帰れるものか……。こんな無理
な命令に従わなかった部下は、先日斬られてしまった。光
秀はもうこんな理不尽な上司には耐えられなかった。

　ちょうどその頃、他の軍からスカウトの話が舞い込んで
きた。そのためには、信長を倒す必要がある。給料も良さ
そうだし、信長を裏切って向こうに行こうか、と光秀は決
意する。翌朝、信長が滞在する本能寺に攻め入って、彼を
討つ計画を立てた。信長は部下に嫌われているから、仲間
も賛同してくれるはずだ。

　そして運命の朝、光秀は信長の不意をついて本能寺に攻
め入る。しかし、そこには信長の忠実な家来、森蘭丸（山
田涼介）が待ち受けていた。蘭丸は信長への忠誠心から、
光秀を止めようとする。

蘭丸「光秀さん、どうしてこんなことを……！」

光秀「すまない、蘭丸。おまえに罪はない。しかし、信長
　　　様はやりすぎた……」

　蘭丸の必死の抵抗も虚しく、光秀の仲間たちに押し入ら

れ、蘭丸は倒される。そこへ、美しく聡明な信長の妻、濃姫（橋本環奈）が現れる。

濃姫「光秀！　なんという裏切りか！」

光秀「濃姫様、申し訳ありません。あなたに悪いようにはしません。あちらに隠れておいでください」

そしていよいよ寝巻き姿の信長と対峙する光秀。「信長様、今までお世話になりました。しかしもう限界です。あなたの天下統一はここで終わりです。もっと人の気持ちが分かる人なら、天下統一も夢ではなかったでしょう」

信長「おまえのような虫けらになにができるというのじゃ!!」

光秀「そういうところですよ、信長様」

信頼していた家来に討たれようとは、夢にも思っていなかった信長は、光秀軍に攻め入られ、ここで生涯の幕を閉じた。

こんなドラマあったら絶対見るじゃん……。というくらい、好きな俳優さん、アイドル、タレントを思い浮かべてドラマ化しちゃう。ノートに相関図を書き出してみてもい

い。教科書からは読み取れない物語の詳しい背景を自分好みに創作することによって、人名や出来事がイメージしやすくなるのと、感情が呼び起こされることで記憶が定着しやすくなります。

　ただ、歴史的な出来事をひとつひとつドラマ化してたらものすごい時間がかかるので、どうしても理解しにくいところや相関関係が複雑で覚えにくいところだけドラマ化作戦を使うと良いでしょう。それ以外は基本、資料集やネットで検索すると出てくる写真を見ながらビジュアルと一緒に覚えるといいよ。例えば、「フランシスコ・ザビエルってかわいいハゲおじさんだなあ」とか、「坂本龍馬を福山雅治（NHK大河ドラマ『龍馬伝』より）でドラマ化は美化しすぎでは？」などとツッコミを入れながら覚えようとするだけでも、効果的だよ。

モテたいなら国語を勉強しよう

「国語を勉強する意味がわからない」なんて思っているそこの君に忠告しておく。国語ができないやつはモテないよ。国語はひと言でいうと、「コミュ力」のトレーニングみたいなもの。本気でコミュ力をあげたい人、気になっている

あの人と付き合っていい関係を築きたいと思っている人は、国語をちゃんと勉強しておくことはマストと言えるでしょう。

「作者の意図はなんですか？」というのは「相手の気持ちを読む」ということが求められているといえます。**この、「文脈や背景を理解し汲み取って、相手の気持ちを想像する力」は、まさにコミュニケーションの基盤になる超重要なスキルです。** このスキルが欠けたまま人と接すると、色々とコミュニケーションに支障がでてくる。

例えば、国語の問題で「次の文章から、作者が伝えたいことを選びなさい」ときかれた場合、この問題を解くためには、文章全体の流れや背景、作者の感情を読み取る力が必要だよね。その部分だけでは判断できない作者の意図を突き止めるためのヒントが、必ず別のどこかに隠されてる。その根拠を探してそこから想像することによって、答えを絞れるわけだ。これって、日常生活でも一緒なんです。

例えば、君が気になるあの子に「映画でも見に行かない？」とLINEしたとしようか。そしたら「ごめん、今はちょっと……」と返ってきた。ここから、どんなことが読み取れるかは、このラインの返事の文面だけではなくて、あなたが今持っているすべてのヒントを使って想像することが必要になってくる。もし前日に「最近おばあちゃんの

調子が悪いんだ……」と彼女があなたに話していたとしたら、「おばあちゃんになにかあった？」と彼女の気持ちに寄り添った返事ができるかもしれない。もし、最近その子に誰か気になっている人がいるらしいという噂をきいていたとしたら、"映画に誘う前にもっと僕のことを知ってもらう必要がありそう。まずは学校の休み時間にもう少し話しかけてみようかな"と、脈もないのに押しすぎて嫌われることもなく、次の戦略が立てられる。このように、「文脈や背景を考慮して、相手の気持ちを想像する」という国語の力があれば、相手が求める返しができたり、場の空気を読んでその場の人たちが気持ち良くいられる空間を作れるようになる。

　では、この国語力を鍛えるにはどうすべきか。一番いいのは「本を読むこと」だ。「行間を読む」という言葉があるけど、これは「そこには書いていないが、そこに書かれていることが匂わせていることを理解する」ということなのだよね。本を読むって、そういうこと。それを無意識のうちにしまくってる。これはものすごいコミュ力のトレーニングになるよ。

　人間って感情の生き物だから、ものすごく面倒で分かりづらくて回りくどいのよね。嫌いと言ってるけど本当は好きだったり、いいよと言っていても本当は良くなかったり。だから、本をたくさん読んで国語力をつけることは、テス

トでいい点数を取れちゃうだけでなく、あなたを人気者にしてくれちゃうのよ。大人になると、顔がいい人やスポーツできる人よりも、「人の気持ちがわかる人（空気が読める人）」が抜群にモテます。というわけで、人間関係に悩んでいる暇があったら国語を勉強しよう！

英語の勉強のゴールデンルール

　英語を制するものが受験を制する！と言っても過言ではないくらい、受験で英語はキー科目。ここで点数がとれないとなかなか厳しい。というわけで、私が特に得意な「英語の試験での点数の取り方」を、ここまで説明してきたことが基礎になることを前提に、もう少し具体的に解説します。

　何度も言うけど、勉強は基礎をがっちり固めることがとても重要。一段一段確実に階段を上っていく感覚を忘れないで、と何度もお伝えしてきました。なんとなくわかった気分になって、あやふやなまま進むのが一番危険。英語も、いきなり難しいことから始めないでね、あとで伸び悩むよ。

　私は高校２年まで英語にはまったく触れずに生きてきて

しまったから、かなり遅いスタートだったんだけど、今振り返ればこれが逆によかったかもと思ってる。というのは、私は英語の前知識が高校２年時でほぼ０だったから、一段一段階段を上るしかなくて、受験前に基礎をがっちり固めることができた。私より前知識があるみんなは私よりも基礎固めには時間がかからないと思うんだけど、それでも確実に点数をのばしたいなら、今から言うことをよくきいてね。

【とにもかくにも語彙力と中学レベルの英文法】

　まず、とにかく語彙力。英語でもイタリア語でもサンスクリット語でもそうだけど、言語というものは「単語が連なってできている」ものだから、語彙力がないとお話になりません。だからもうここは諦めて、単語をもうとにかく覚えまくることから始めましょう。私は高校２年から毎日３０個ずつ新しい単語を覚え、一定の周期で復習していく、という作業を繰り返し、慶應大学の受験に必須だと言われた約一万語の単語を短期間で頭に叩き込んだ。自分の目的（中学受験なのか、高校受験なのか、大学受験なのか、どのレベルの学校なのかで覚えるべき単語数は違うのでそれは各自で調べてね）に沿って、必要な語彙力をまずは身につけましょう。

　語彙力強化と同時進行でやってほしいのが「英文法」。トランプゲームに例えるなら、単語がカードで、文法はルー

ル。この知識がないと、まともにゲームができない。でも
カードとルールにおける知識が身についていくと、ゲーム
を楽しめるようになっていきます。語彙力と英文法の知識
さえあれば英文も読めるし、英語でお手紙を書いたり、話
したりきいたりもできるようになる。

　ちなみに学校でずーっと教わってきた英語って、基本的
に「単語と文法」ばっかりなんだよね。正直、あんなに時
間をかける必要はない。単語は自分で覚えればいいし、文
法だって独学でいけちゃう。中学英文法の総復習ができる
テキストを一冊やれば十分です。わからないところは
YouTube で検索したらだいたいめっちゃわかりやすく解
説してくれてる動画が出てくるし、ChatGPT に「小学生
でもわかるように説明して」と聞けば超わかりやすく説明
してくれるよ。

　一方で、高校で習う英文法は英語ネイティブでも知らな
いような難しい文法が出てきたりするから、やってもいい
けどやらなくても別にいいです。長文を読めるようになっ
て精読する段階までくれば、高校で勉強するような構文（１
つの文を作るためのルール）と嫌でも出合うことになる。
そのたびに「へえ、こういう構文があるのか」って学んだ
方がよっぽど効率がいいです。

　というわけで、まず英語の勉強は、「語彙力」と「英文

法の知識」から始めましょう。あなたがもしいま高校生で、**「中学の英文法はもうやったしわかるぜ」と自信が仮にあったとしても、中学レベルの単語と英文法の復習はちゃんとやることをおすすめします。**何度も言うけど「わかった気になっている」まま進むと危険。総復習ができる薄めのテキストを2週間でサクッとやるだけでいいので、ちゃんと復習してから次の工程に進んでね。

【精読→速読】

基礎固めが終わったら、スピードをあげていくだけ。ゲームと一緒で、基本的なルールと知識が頭に入ったら、あとはひたすらスキルをあげていく段階に入ります。何度も何度も同じことやってたら、うまくなるよね？　自転車だって縄跳びだって野球だって、最初はできなかったけどやってくうちにうまくなるのと一緒。基礎を固めて、トレーニングしていたら長い文章も読めるようになるし、速く読めるようにもなってくる。

では、英語のトレーニングとはなにか？　具体的にはまずは「精読」です。精読っていうのは、英語の文章を「分析」すること。じっくり時間をかけて、どれが主語で、どれが動詞で、どれが目的語で、どこがどの部分を修飾してるかをじっくりと分析することを言います。精読なんて面倒なことをせず、いきなり速読をしたくなる気持ちもわかる。けど、これだと英語の点数は伸びません。特に日本の

大学の入学試験は Reading Skill（英語を読む力）が最も求められているので、英文をいかに正確に理解できるかがあなたの英語の点数を左右します。なので、この「精読」をすっ飛ばして速読をやっても点数につながらないばかりか、なかなか成長を感じられないので、モチベーションが下がって英語が嫌いになります。まずは「英語の文章を正しく読めるようになること」。それができるようになってから、速く読む練習を始めよう。

<u>精読のやり方</u>
1. S（主語）V（動詞）O（目的語）C（補語）をつける
2. 前置詞＋名詞、副詞に（　　）をつける
3. 関係詞節に＜　　＞をつけて、どこを修飾しているかを→で示す
4. 接続詞に△をつける（△のうしろにくる文は重要であることが多いよ！）
5. 知らない単語、構文を調べる
6. 意味が全てわかった状態でスラスラ読めるようになるまで何度も読む

(In our society, there are a variety of people. Everyone has different and unique characteristics, skills, and, most importantly, talent. In today's society, people with lower power to do things (such as processing language, fully moving limbs, and so on) may be considered disabled. If you look at these abilities from a different perspective, in essence, they are just unique characteristics specific to the person. Therefore, it is important to value those different characteristics in different people.))

【ディクテーションとシャドーイング】

　受験でリスニングも必要な人や留学のための英語力が必要な人は、王道だけど、ディクテーション（耳から聴いた言葉を書き取る）とシャドーイング（耳から聴いた言葉をマネして読み上げる）が効果的。ひたすら聞き流してても聞けるようにはならないので、基礎が固まったら（単語と

英文法ね）このふたつをひたすら繰り返すことをおすすめします。最初まじできついけど（私泣きながらやってた）、成果は必ず出てくるから信じて続けてみて。

　具体的には、まずリスニングの教材（短いやつから始めて）を聴きます。私はリスニングは5〜10秒くらいきりのいいところで音声を止めて、聴こえた言葉をそのまま一言一句書き出す、というのをずっとやっていました。一度聞いたくらいでは完璧に書き取ることはできないので、何度も繰り返し聞いてOK。なので最初は、たった30秒の音声を書き出すのにも、たぶん何時間もかかる。

　でもこれをやってると、「あ、私 "If" がいつも聞こえてないんだ……」とか、自分の英語脳の癖が見えてくる。それが見えてくると、そこを意識して「あれ、またここもしかして "If" って言ってんのに聞こえていないのかな……」と気づくようになる。こういうのの積み重ねで、少しずつ苦手をつぶしていきながら、英語を聞くことに慣れていこう。

　そしてシャドーイング。シャドーイングは、英語の音声（できればディクテーションをやった同じ音声）の直後（0.5〜1秒くらい後）、声に出してマネして影みたいについていく、っていう訓練なんだけど、これも最初はできなくて泣きそうになるから覚悟して！　でも、たぶんいちばん効

果ある。

英語をしゃべれるようになりたい！　って人もこれやる
といいよ。私は大学院受験のとき、英語をしゃべれるよう
にならないといけなかったから、このディクテーションと
シャドーイングだけで一日5時間くらいはやってた。これ
でかなり聴けるようにも話せるようにもなったので、ぜひ
やってみて。

模試は練習試合

「模試でA判定がなかなかとれません……志望校のレベ
ルをもっと下げたほうが良いでしょうか？」という質問を
たくさん受けるんだけど、みんなね、模試に振り回されす
ぎないでね。坪田先生は私に**模試の判定に一喜一憂する
な**とよく言い聞かせていました。**受験生が目指すべきは、
「志望校の過去問で確実に合格点をとれるようになること」
です**。模試でA判定をとることではないよね。私も実際、
模試の慶應大学の判定は最後までD（合格可能性ほぼなし）
だったけど慶應は受かったし、模試では慶應A判定だっ
たのに慶應に合格できなかった人もたくさん知ってる。な
ので、模試の判定に振り回されすぎないことです。

　模試は本番の雰囲気を味わうための「練習試合」くらいに思っておけばいいよ。緊張感漂う試験会場で、他の受験生と一緒に決められた制限時間で問題を解く。これは普段の練習とはまったく違った環境だよね。こういう環境でも、自分の能力を最大限発揮する練習をするのにはとてもいい場所なので、定期的に受けるといいよ。

最後の一ヶ月は過去問漬けのためにとっておこう

　さて、基礎固めも終わりトレーニングを重ねることで、1段1段着実に階段を上がってきたあなたには、もうすでにかなりの実力が付いているはず。その実力はなんのために付けてきたかと言うと、もちろん、志望校に合格するためだよね。そして、志望校に合格できるかどうかの指標にすべきは、前のページでも言った通り、模試ではなくて「過去問」です。最低でも最後の一ヶ月は、志望校の過去問をやるための時間をとっておこう。

　あなたがこれから受けようと思っている学校の過去問は、少なくともそれぞれ5年度分くらいはやることをおすすめします。学校や学部によって問題傾向って全然違う。だから、本番の試験で最大限実力を発揮するためにも、そ

れぞれの問題傾向にしっかり慣れておくようにしよう。

　例えば私なら、明治大学（政治経済・経営）、上智大学（経営）、関西学院大学（経済）、慶應大学（文・商・経済・総合政策）を受けたんだけど、このすべての学部の過去問を５年度分ずつくらいはやったかな。第一志望の慶應文学部はもっとやったと思う。

　ちゃんと時間を計ってやるんだよ。毎回、本番に臨むくらいの気持ちでね。過去問が本番と違うのは、間違えたところが確認できるのと、解説が読めることだよね。ということは、ここで最高の宝探しができちゃうんだよ！　この過去問をつかった宝探しは、最後の仕上げにはもってこいなので、ここでもしっかり取りこぼしのないようにひとつひとつの問題にちゃんと向き合って身にしていくこと。そして超重要なことをもう一度言います。**それは、この過去問漬けの一ヶ月で、「志望校の合格最低点を確実にとれるようになる」を目指す、ということ。**あなたが目指すべきは、ここです。模試でA判定をとることじゃない。あなたは、志望校の過去問で確実に合格点をとれるようになるために、これまでがんばって勉強してきたんです。極端にいえば、仮に試験に合格できなかったとしても、過去問で確実に合格点をとれるようになっているのだとしたら、もうその志望校に受かるだけの実力がついたということです。こんな自信になることは他にないよね？

　私は当時、受験の一ヶ月前のこの過去問漬けの時点で、慶應の文学部の過去問は確実に合格最低点を超えられるようになっていたので、正直合格する自信がかなりあったの。でも、本番はだめだった（理由は映画ビリギャルを見てね、坪田先生がくれたコーヒーのせいで落ちた！　と今でも文句いってる）。つまり、過去問で合格最低点をとれるところまでいくことができれば、もう合否は運次第ともいえる。坪田先生はよく「人事を尽くして天命を待つ」という言葉を使うのだけど、受験では、この「人事を尽くす」は、「過去問で合格最低点を確実にとれるようになる」ことを指します。だから、あなたが目指すべきはここだよ。

テクノロジーを駆使しよう

　最近は毎日いろんな人があの手この手を使って再生数を稼げる質の良い動画をつくってはあげてくれている。これ、受験生にはとても有利だと思っていて、もし学校の先生の説明がなにいってるかまったくわかんないんですけどオワタ状態でも、YouTubeでわかりやすく説明してくれてる動画がすぐに見つかるはず。だから、わかんない問題とかあっても、YouTubeで探したらなんとかなる。そうやってわからない問題は簡単につぶしていけるよね。

あと、多用してごめんだけど、ChatGPT もやっぱり使えるよ（私愛用してる）。「二次方程式を小学生でもわかるように説明して」ときけば、

ChatGPT

二次方程式とは、X^2 という形を含む方程式のことを言います。X は数や数量を表す記号で、二次方程式ではこの X の値を見つけることが目標です。

小学生にもわかるように説明するなら、こんな例え話を使うといいかもしれませんね。
想像してみてください。あなたがお店でアップルパイを買おうとしています。パイの大きさは縦と横が同じで、X という数字で表されます。パイは正方形の形をしていて、その面積は X の 2 乗、つまり X^2 になります。

ある日、店主が「このパイの面積は 16 平方センチメートルだよ」と言いました。この場合の二次方程式は $X^2 = 16$ と表されます。この方程式を解くとき、私たちは「どんな数字 X を 2 乗（掛け算で自分自身と掛けること）すれば 16 になるか？」を考えます。答えは 4 ですね。なぜなら、4 を 2 乗すると 16 になるか

らです。

二次方程式は、このように数字Ｘがどのような値で
あるかを見つけるために使われます。この場合、パイ
の一辺の長さは４センチメートルと分かります。この
ように、日常生活の中で面積や長さを求めるときに二
次方程式が役に立ちます。

って返ってくる。

　これ、学校の教科書よりかなりわかりやすいよね（とは
いえ、パイの面積をはかることは日常ではなかなかなさそ
うだけどね）。私、大学院の統計学の授業がわかんなすぎ
て（教授はハーバード出身のめちゃくちゃ賢い人だったん
だけど、賢い人＝説明がうまいとは限らないからね、はっ
きり言ってまったくわかんなかったのね）仕方ないから家
で ChatGPT にききまくってたらだんだんわかってきて、
テストでほぼ満点とれて、無事Ａの成績がとれたよ。

　ChatGPT は正しく使えばめちゃくちゃ強い武器になる
から、上手に質問できるようになっとくと効率よく勉強で
きるよ。

最善の環境が、
最良の結果を生む。

PART5

環境編

Environment

スマホから自立しよう

　現代の学生には心から同情します。私の大学受験中にもしスマホなんてものがあったら、私は戦える自信がない。私は意志が弱いから、私なら解約するかな。相手が強すぎる。

　スマホって、どんなふうなデザインでどんな機能をつければ人間がなるべく長くそのアプリを使うかを、スマホ会社が心理学者さんたちの力を借りながらつくってるらしいなんて話をきいたことがある。インスタのあのリール？　終わり時わかんなくない？　気づいたら1時間とかひたすら動画見ちゃうよね。あれはね、そういうふうにできてるからなんです。あなたがだめなんじゃない、スマホとかアプリの会社の人たちに私たちはダメにされている！

　だから、あの誘惑に勝つためには対策が必要です。受験中にスマホなんか見てる場合じゃないのに見てしまって自己嫌悪に陥っているあなたに、最善の方法を教えます。**物理的にスマホを身体から離す。これが一番です。**

　ある研究で、スマホを見えるところに置いておいた状態でテストを受けたグループとスマホを別の部屋においてテ

ストを受けたグループの成績を比べたら、スマホから物理的に離れている状態でテストを受けたグループのほうが成績が良かったという結果が出た。これは、スマホが目の前にあるだけで「見たい……でも見ちゃダメ‼」と葛藤することにより、大事な「ワーキングメモリ（覚えてるよね？）」の消費を増やしてしまうからなの。つまり、スマホが目の前にあるだけで、パフォーマンスが落ちてしまう。

なので、「今から3時間、集中して勉強する！」と決めたら、その3時間はお母さんに預かってもらうとか、手の届かない場所（私はトイレに置いてた）に置いておくとかするといいよ。遠ければ遠いほどあきらめがつきます。これを毎日やってると、だんだんスマホ依存症が軽減されていくのがわかると思うから、ぜひやってみて。

とにかく、スマホを甘く見てはダメです。スマホを制するものが受験を制する‼　スマホをいますぐ封印しろ！

「自分を追い込める人」が強い

ビリギャルって言われるようになってから、「さやかちゃんは努力の天才なんだねぇ」とも、よく言われるようになっ

た。今まであんまり大きな声で言ってこなかったんだけど、ここでひとつ白状しておきたいことがあります。

　実は私、「努力すること」自体は、あんまり得意じゃないし、好きでもないです（えーーー！）。

　ちょっとここまで偉そうに色々言ってきといて申し訳ないんだけど、実はめっちゃくちゃズボラな性格で、気を抜くと何時間でもスマホを見てダラダラ過ごしてしまうのが私。できれば1日中なにもせず、ひたすらYouTubeやNetflixを見ながらソファでゴロゴロして過ごしていたいし、毎日なにかに追われて生活するのとか本当はすごく嫌な人なんです。

　「えーそんな人があんなにがんばれるはずないよ嘘だよ！」という気持ちを抑えて、もう少し辛抱して私の話を聞いてほしい。

　私は、「努力の天才」なのではなくて、どっちかというと「追い込みの天才」なんだと思う。私みたいな人間は追い込まれない限りどうせちゃんとやらないのを、私が一番よく知ってる。だから、本気で成果を出したいときはいつも、「これでもか……？」ってくらい自分を追い込むのが、私のやり方。

　例えば、大学受験のときはこうだった。**坪田先生に出会っ**

て「うっし、慶應いくかあ」って決まった次の日から「私、慶應いきまーす！」とみんなに言いふらしたんだけど、これがまさに自分追い込み術のひとつで、「必殺・言いふらし戦法」といいます。これによりどんなことが起きるかっていうと、まずいろんなリアクションが返ってきます。「あはは、馬鹿なこと言ってないで来週の合コン気合い入れてこ？（By 友人 A）」「おまえみたいなバカがなに夢みたいなこと言ってんだアホか！（By 父）」「さやちゃんなら絶対大丈夫！　ああちゃん全力で応援するよ!!（By 母）」とか、それはもう様々。

　これ結構面白くて、こういうそれぞれの反応に私の感情がやっぱりいちいち動くんだよね。私の言葉を本気にしない友人たちには、「へっ見てろよこいつらニヤリ」くらいだったんだけど、私のことを信じてくれたことすらないくせに、なぜか頭ごなしに無理だと決めつけて止めてくる父や学校の先生たちの言葉には、やっぱりすごく傷ついたし腹が立ったのを覚えてる。いつも私のどんな決断も応援してくれて、私がビリでギャルを全力で遂行していた時期だって、「さやちゃんは世界一いい子だよ〜」と言い続けてくれた母ああちゃんが「さやちゃんがワクワクできること見つけられてああちゃんとってもうれしいよ！」と半泣きで喜んでくれたときは、ああちゃんのためにまじでがんばろうと思った。

こういう感情のゆらぎすべてが、私のパワーになった。これが、受験で合格を勝ち取るために、私にとっては不可欠だったの。毎日15時間勉強し続けて、それでもなかなか思ったような成果が出ないとき、もう受験なんかやめて今この瞬間楽したい……！って逃げたくなったとき、なにを思い出したかって、この人たちのリアクションを思い出した。私には無理だと決めつけて応援してくれなかった人たちに言われた言葉を思い出しては「見てろよこんちくしょう」で踏ん張った。そして、私を心から信じてサポートしてくれた坪田先生や母の存在は、最後まで走り切る力をくれた。こんなふうに、ポジティブなものだけじゃなくてネガティブな感情も含めて、全部エネルギーに変わったのを感じたんです。

そしてね、「必殺・言いふらし戦法」のすごいところはこれだけじゃない。やめたくなったときに、そう簡単にはやめられないように、気づいたらなっているのがこの戦法のすごいところ。もうつらすぎて本当にやめたくなったときの私、実はもうひとつ思った事がある。「今更やめたら、カッコ悪すぎだな」「私のことを誰も知らない、どっか別の国にでも逃亡できないかな……」って、真剣に考えてました。だって言いふらしすぎて、私が真剣に慶應を目指していることを知らない人を見つけるほうがむずいくらい、みーーーんな知ってたから。そんな状況でも、「やっぱりつらいんで、やめます」なんて言って簡単にやめられる人

は、メンタル強すぎて私が弟子入りしたいレベル。でも、私は人並みにメンタル弱くてよかった。あのときやめてたら、今の私はないからね。

　だから、本気で合格を勝ち取りたい人は、「必殺・言いふらし戦法」でなくてもいいので、自分が「やらないとこれはまずいぞ……」という心理状況に追い込まれる環境を意図的に作ってください。 そう言っても、実際にやる人はほんの一握りだってことは、わかってる。意外と実践するのは難しいからね。人は失敗したときのことを考えるから。「言いふらして、失敗したらどうしよう」って考えちゃうからね（だから言いふらすんだけどね）。

　逆に言うと、そういうリスクを背負ってでも、自分を追い込める人が成功しやすい、というのは、当たり前。それくらいその挑戦に賭けてるってことだから。 そういう「気持ちが強い人」がどんどん追い込まれて、どんどん努力ができちゃって、どんどんレベル上げてって、それに見合った結果を勝ち取るのは、ごく自然なことだと思わない？

　ということで、本気で自分を追い込めるやつの勝率は、確実に高まります。どんな方法でもいいので、自分を真剣に追い込んでください（もちろん追い込みすぎて病んじゃったり体調崩したりしたら元も子もないのでやりすぎに注意だよ）。これができる人は、受験で勝てます。

努力をアピールして、信頼を貯めよう

「さやかちゃんに触発されて、私も慶應に行くことに決めました！　なのに、親から反対されているんです。どうしたらいいですか？　やっぱり諦めるべきでしょうか？」

　というような質問がこれまでもう死ぬほどきたんだけど、これははっきり言ってこの人に信頼がないためです。これまで毎日、何時間も、一生懸命勉強してきた自分の姿を、親御さんが長年みてきているのなら、きっと自分の挑戦を応援してくれるはずだよね。むしろ応援してくれない方が不思議なくらい。

　だけど、私みたいに、これまでまったく勉強しないで遊んでて、突然「私慶應いく！」と言って立ち上がり、「応援して！」って言ったって、「おまえバカか？　無理に決まってんだろ」となるのは当たり前の反応ですよね。信頼がないのに、「信じて！」というのはわがまますぎます。それで信じてくれなくて「信じてくれない周りはひどい！」となるのは、子どもの身勝手な主張であるということを、グッとこらえて認めるべきです。

　もしあなたも似たような状況だったら、まずは、周囲の

人に信じてもらえるように、信頼を貯めていくことが重要
です。**信頼を貯めるには、あなたの宣言を裏付ける「努力
し続ける姿」を見せる必要がある。これはもう、おもいっ
きりアピールするようなくらいでちょうどいい。**

　私が受験勉強を始めて数ヶ月が経ったとき、もうなにを
やるにも時間が惜しく思えてきて、学校の制服のスカート
を一生懸命めくり上げる時間やコンタクトレンズを入れる
時間すら惜しくて、化粧はおろか髪の毛整える時間すら惜
しくて、もうボサボサでスカートも、え、そのスカートそ
んなに長かったの？ってくらい私史上最も長いスカートで
登校して、なんなら登校時間も惜しくて、坪田先生から出
された課題図書『蟹工船』を片手に、読みながら学校を歩
いてた。

　そしたらそれを見た友だちが爆笑し始めて、面白がって
みんな寄ってきて写真撮られたりしてました。後輩たちに
も私がどうやらまじで慶應を目指して勉強し始めたという
噂が伝わったようで、「さやか先輩、慶應受けるって本当
ですか……？」って会いに来たり、学校の先生が三者面談
で真剣に慶應受験はやめるようにとめにかかってきたり、
誰も信じてくれなかった最初の頃とは、まったく違う反応
が返ってくるようになった。

　さらに受験直前なんて、もう最初の頃からは想像できな

いくらいみんな応援してくれて、どうせすぐ諦めるだろうと高を括っていたくそじじい（父）も含め、家族や友人たちが手紙やお守りをつくってくれたりした。

人の心を動かすものって、言葉じゃない。その人の強い意志と、それを裏付ける本人のものすごく努力している行動力と、そしてそれに見合う成長、なんです。

そして、やっぱり応援者は多ければ多いほうが良い。応援者が多いってことは、追い込まれることにもなるからね。こんなにみんな応援してくれてるのに、私がんばらないでどうする！っていう感情がうまれてくる。そうするとこれもエネルギーになって、ポジティブな循環がうまれる。

だから、あなたたちがまずしないといけないのは、「信頼の構築」です。信じてもらえるかどうかは、これからのあなたの行動次第。

誰の言葉を信じるか？

進学や受験について相談したいとき、誰の言葉を頼りにすればいいのか。これはあなたが通っている学校にもよる

のだけど、忘れないでほしいのは、多くの場合「学校の先生は受験のプロではない」ということ。

　例えば私の場合、通っていた学校の先生に「いま偏差値が28でして、あと1年半で偏差値を40ほど上げて慶應大学に現役合格したいんですが？」とたずねたところで、私のクラス（上の大学にエスカレーターで上がる組）を担当していた先生はどうすればそんなことができるかわかりません。だから「そんなの無理に決まってるだろ！」と叫ぶしかない。そこまで乱暴な言い方じゃないにしても、多くの先生はこういう生徒が来たら、「それはさすがに厳しいだろう」「せめて自分の身の丈に合った学校をめざしたら……」と言うかもしれないね。

　多くの学校の先生たちは受験のプロとしてトレーニングや経験を積み上げてきたわけじゃないので、いまから大きなチャレンジをしようとしているあなたをサポートするために必要な戦略やノウハウを持ち合わせていないため、可能かどうかの判断すらできない。そして、「無理に決まっている」はたいてい、試したこともない人がいうセリフだったりします。だから本当は「無理かどうかすらわからない」という意味に近い。

　相談する価値があるのは、その志望校に合格したことがある人、あるいはそのレベルの学校に何人も合格させてい

る先生だけです。私の恩師の坪田先生は慶應大学に合格した経験があるし（慶應には進学しなかったみたいだけど）、慶應レベル以上の学校を志望する生徒を何百人と合格させてきた、まさに「実績のある先生」だった。

実績のある坪田先生が「今からでも十分間に合うよ」と言っているのに、実績のない学校の先生の「今からじゃ無理に決まってるだろ諦めろ」というアドバイスを信じる価値は、まったくないよね。

もうすでに述べたように、自分の目標はできれば周囲に言いふらしてほしいんだけど（必殺・言いふらし戦法）、周囲に言いふらすといろんなリアクションが返ってくる。そのとき**「誰の言葉を信じるか」は、ぜひ冷静に判断してほしい。「無理だ」といってくる人の大半は、「やったことがなくて、無理かどうかすらわからない人」だということを忘れないで。**あなたには、未経験者からのアドバイスに一喜一憂している時間はないの。

「塾」の役割

「さやかちゃんはいいですよね、素晴らしい指導者に出会

えて。私にはそんな人いないから無理」と、かつて高校生の女の子に言われたことがある。本当に申し訳ないが、その通りで、私はまじで幸運の持ち主だと思ってる。あんな良い教育者に出会える確率って、残念ながらそんなに高くないよね実際。

ただ、もちろん私は塾で先生の指導の下勉強できたのはまじでデカかったけど、それは「勉強を教えてもらうため」に行っていたんではなくて、モチベーションを保つため、という理由のほうが大きかったんだよね。何度も言うけど、坪田先生って勉強は一切教えてくれないからね。**勉強自体は、自分でできるから、というか、自分ですべき。正直、勉強の仕方さえ身につければ、自習でいける。**

ただ、難しいのが、冒頭にくどくどいったように「モチベーション」なんだよね。ひとりで勉強してると、これがだんだん下がってくる。私は大学院受験のためにコロナ禍でひとり英語を勉強しまくってたんだけど、そのときがまさにそうだった。

このままこのやり方で勉強してて大丈夫なんだろうか……私にこんなことできるんだろうか……って不安になってくるし、勉強自体したくなくなってくるし、すぐサボる。だから、塾に行ってると「やらないといけない感」も出るし、フィードバックももらえるので安心できるという意味

では、やっぱり塾に行けることはとてもありがたい環境と言えるよね。

塾に行かずに戦う場合の戦略

じゃあ、「塾に行かないと受験はできないか？」というと、全然そんなことはない。さっき言ったように、勉強自体は自分でできるはず。ただ、どのくらい、どんなスピードで勉強すればいいのか、どんなふうに勉強していけば良いのかを最初に戦略として立てる必要がある。

もし学校に、受験のプロと言えるような先生がいたら、その人を捕まえて、ひっついて回って。「この子を応援したい！」とその先生が一肌脱いでくれるように、愛嬌振りまいて取り入って！　これめちゃくちゃ重要なスキルだよ。

「慶應に受かりたいんですけど、塾には行かないので自習でいきます！　先生私のコーチになってくれませんか？」って懇願して。それで、毎日一緒に勉強する必要はないので、最初のロードマップを一緒に立ててもらうの。学校の先生でなくても、あなたの行きたい大学に合格した

ことがある人でもいいよ。つまり同じ道を歩んだことがある人に、アドバイスをもらうべき。日頃からその先生と密にコミュニケーションをとって、進捗を勝手に報告して。できればフィードバックももらえるとなお良い。

もうすでに書いたように、勉強でわからないところがあったら、まずその単元を YouTube で検索してみるか、ChatGPT に聞いてみる。**塾に行けない＝受験はできない、は早すぎる判断。手段はいくらでもある。そんな簡単に人生を諦めないで、できることを全力でやっていこう。**

ピア効果を活用しよう

もういっこ塾行かない組（行く組も塾ない日にぜひやって）におすすめしたいのが、図書館（学校のでも地元のでもなんでもいい）に行って、ものすごい真剣に勉強してるやつを探して、勝手にラーニング・ピア（一緒に学ぶ仲間）にしちゃう方法。ターゲットを見つけたら、その人の近くに座って、勉強してみて。勉強捗るよ。

これね、「ピア効果」と言って、ひとりで勉強するより、誰かと勉強するほうががんばれちゃうっていう効果なの

ね。例えば、ひとりで自転車を全力で漕いだ場合と、誰か競争相手がいる状態で自転車を全力で漕いだ場合とでタイムを比べると、競争相手がいたほうが早いタイムが出る。これは、相手に負けたくないという意識が芽生えて、相手ががんばればがんばるほど、こっちも釣られてがんばれちゃうっていう効果です。

友だちと図書館で一緒に勉強してもいいけど、それだとついしゃべっちゃうじゃん？　だからいいのは、**全然知らないんだけど、ものすっごい勉強してる受験生らしき人を見つけて、その人の近くで勝手に勉強すること。**

あとこれもうひとついい点は、受験本番の予行練習にもなること。いつも家で静かな状況で勉強するのに慣れてると、本番、隣の人の鉛筆の音とか貧乏ゆすりとかに気を取られて集中できない、みたいなことが起こりうる。だから、多少気が散る環境でもフローに入って勉強できる癖をつけておくのは、とても重要です。

ファストフード店とかものすごいうるさい場所であえて勉強するのもいいよ！　ピーチク喋り続けるギャルたちを横に、フローに入って勉強することができるようになったらもうこっちのもん。あなたの勝ちです。

あなたをつくる言葉を選ぶ

　勉強時間以外でも、日常的に注意してほしいものを伝えます。それは、感情の生き物である私たち人間という動物に、本当に大きな影響を与えるもの。身近な人たちの「言葉」です。

　話してると、こちらまでやる気になってくる人っている。長期的に人生を見ていて、常に未来を見てる。自分のことを信じてるから、他人のことも信じられる、そんな人。反対に、いつも目の前のことしか見えてなくて、過去のことを後悔してばかりな人もいる。できない言い訳ばかりして、物事をネガティブに捉える天才みたいな人。こういう人に、「応援して」っていうのはなかなか難しい。なぜかって、そういう人は自分自身のことも信じられてない。そういう人は、他人のことだってなかなか信じられないものです。

　私たちって意外と、「一緒にいる人」の感情やマインドセットに影響されやすい。だから、大事な時期にいるあなたには、できればこのネガティブさんたちの影響を、可能な限り避けてほしいのです。これだけで、本当に勉強の質が落ちるから。

正直、どうでもいい人の言葉はたいしたことない。そんなのくらいは無視できる。ただ、あなたの大切な人やとても近くにいる人。例えば、あなたのお母さんやお父さん、学校の先生、きょうだい、友人たち。そういう人たちの言葉は、ものすごいパワーにもなれば、ものすごい足かせにもなる。私みたいに「どうせ無理だ」と言われまくっても、「こんちくしょうみてろよ！」とエネルギーに変えられちゃう人は確かにいる。でも、そんなのしたくってもできない人も、きっとたくさんいるよね。

　そもそも、私が「こんちくしょう！」と、ネガティブな言葉をエネルギーに変えられたのは、私の母と坪田先生っていう、絶対的な味方がいたからなの。この、心から信じて応援してくれるふたりがいなかったら、私だって、あんなに「無理だやめておけ」って言われたら、やめてたと思う。そもそも、慶應なんて目指そうともしなかっただろうな。

　だからね、もしあなたの周りに、「大丈夫、できるよ」って言ってくれる人が、万が一、誰もいなかったら。この本を、常にそばに置いておいて。私が、あなたのサポーターになってあげる。私が、あなたを信じてあげるから、どうか、あなたの真剣な挑戦を、下から足を引っ張ってくるような声に邪魔されないでほしいです。

　あなたを守れるのは、あなただけ。周囲の人の言葉は、良くも悪くも、あなたに常にとてつもない影響を与えていることを忘れないで。だから、**あなた自身が、あなたをつくる言葉を選べばいい。**あなたががんばるために必要な言葉だけ選んで、自分の中にしまえばいいよ。

受験における親の影響力

　なんと言っても、受験の合否にものすごい影響力を放ってくるのが、「親」という存在。この「親」という存在を攻略しないことには、あなたが受験に集中することはなかなか難しいのかもしれない。

　とはいえ、「親」と一言で表すのは雑過ぎるね、いろんな親がいる。受験に対して直接色々物申してくる親もいれば、まったく干渉しない親もいるし、いいかんじでちょうどよく応援してくれる親もいれば、邪魔ばっかりしてくる親もいるだろう。

　しかも、親がふたりいれば、ふたりが同じ方針でない可能性のほうが高くて、だいたい親同士でも揉めてたりする。

私の場合がまさにそうで、私の父（くそじじい）は私が坪田先生に出会って「この塾に行く！」って決めてルンルンで帰って、「あの塾通いたい！　慶應に行く‼」と言ったとき、「さやかが慶應？　笑わせるな。無理に決まってるだろ！」とものすごく怒っていた。その坪田ってやつを俺んとこにつれてこい、詐欺師に決まってる。塾に行きたいなら勝手に行け、俺はそんな溝に捨てるのと同じような金の使い方はしたくないから、一銭も出さないからな！って。ひどいこと言うでしょう？　今では「どうも、くそじじいです！」って本人開き直ってる。坪田先生にゴルフ誘われたらどこにでも飛んでいく始末（笑）。大人ってかわいいよね。

　一方、私のお母さん（ああちゃん）は、私が「慶應に行く！」と行ったとき、目をキラッキラにして私を抱きしめて、「さやちゃん、ようやくワクワクすることが見つかったんだね、おめでとう！」って言ったんだよ。「さやちゃんだったら絶対大丈夫だから、ああちゃん全力で応援するね！」と言って、くそじじいが払うのを拒んだ塾代を、借金してまで必死でかき集めて払ってくれた。これはね、はっきりいってすごいことなんだよ。だって私それまで長年の間、一時間だって勉強してるとこ見せたことなかったんだよ？　これはもう正直に言うけど、うちのお母さんがレアキャラです。こんなお母さんなかなかいない。だから、あなたのお母さんを責めないであげて。

ただやっぱり、もしあなたの親御さんが、あなたの受験に対してあまりいい影響を与えていない場合、これはなかなか考えものです。質の良い勉強をするためにも、この環境は早めに改善しておきたい。

親をちゃんと、味方につけよう

例えば、受験のプロでもないのにやたらと口出しをしてくる親御さんがいたりします。これはなかなか労力をとられます。なにより、あなたがそれに対して違和感や嫌悪感を持つこと自体がまじで受験の大きな足かせになってしまいます。まさにワーキングメモリを減らしまくることになる。しかも、一緒に住んでると日常的にそのストレスにさらされるわけなので、モチベーション維持の観点から見てもかなりよろしくないです。

はたまた、もはや暗黙の了解で「地元から絶対出させない！」と、親元から離れることを絶対に許さなかったり、子どもの人生の舵を必要以上にとろうとする親御さんがいたりもします。これも、気持ちはわかるけど、これが成り立つのは子ども側も納得している場合のみであって、もし子どもが「本当は東京に出たいのに……」と密かに思って

いるのにもかかわらず、親に従って進路を決めてしまうのなら、これもやはり長期的に見て、双方にとってよくないと、私は思う。

この先あなたの人生には、いろんなライフイベントが訪れるわけなんだけれども、うまくいくことばっかりじゃない。なにかうまくいかなかったとき、他の道に行った誰かが妬ましく思えてきてしまったり、自分の人生に満足できなくなってきてしまったとき、つい親のせいにしたくなってしまうからです。

でも、選んだのはあなたです。親のせいではない。なのに、親のせいにしたくなってしまう。これは、子ども側も親側も、双方悲しい状況になると思うんですよね。

やっぱり自分の人生は自分でちゃんと舵を取らないとダメです。親は、先に死んじゃうからね。いつまでもあなたの面倒を見たり、大事な局面であなたの代わりになにかを決めてくれたりは、できなくなるわけです。

だから、今からちゃんと、あなたはあなたの人生の舵をとる感覚を身に付けなければいけなくて、そのためにも親御さんにも自立してもらわないといけません。

私、ひとつ反省していることがあってね。お話したとお

り、私の父は当時、「慶應に行く！」と言った私を信じて
くれなくて、それに対して私は怒って「ひどい！　パパな
んてもう知らない‼」ってふてくされたんだよね。

　でも、今考えてみたら、父のこの反応は当然だったなあ
と、思うんです。だって、私には当時信頼がなかったわけ
なんだから、いきなり「信じてよ！」というのは、いくら
親子であっても人間なので、難しいものは難しい。しかも、
受験をするにはお金もかかるわけで、そのお金を出すのは
やはり多くの場合は親だよね。信頼もないのにお金まで出
せというのは、やっぱりわがままだったなあと、今になっ
て思うわけです。

　事実、私が慶應に受かるために寝る間を惜しんで勉強し
ている姿を見て、父がこうやって言ったんです。「さやか
がそんなにがんばれるやつだとは思ってなかった。信じて
やれなくて、悪かった」って。私を、信頼してくれるよう
になったんだね。それからは、一度だって父に反対された
ことはありません。いつも応援してくれる。

　だからね、みんなにはここでちゃんと伝えておきたい。
親御さんには、ちゃんと味方についてもらえるように、あ
なた自身が努力をするべきです。親がわかってくれない！
理解してくれない！　と言っていても、状況はなにも変わ
りません。そしてそんな状況では、あなたの受験もうまく

いかないし、親子関係にも溝ができたりして、誰も幸せにならないんです。**だから、あなたがいますべきことは、親御さんにあなたの人生の応援団長になってもらえるように、ちゃんと大人として誠実に親と向き合って、理解してもらえるように努力をすることです。**

お手紙を書いてみよう

　では、どうやって親御さんにあなたの意向を理解してもらって、応援してもらおうか？　これはなかなか簡単なことではありません。

　そこでおすすめの方法は、「心を込めてお手紙を書く」ということです。そんなことかよ、と侮るなかれ。お手紙の持つ効果をあなたはまだ知らない。

　親子で対話をするって、意外と難しいじゃない？　親子って近すぎて、改めてお互いに向き合って理解し合うのは、実は一番難しかったりする。

　でも、あなたはもう子どもではないので、親とも「対等に話す」ということをしなければなりません。でも、その前に「お手紙を書く」というのはとても良い方法です。

　私はことあるごとに人にお手紙を書くのだけど、自分の字で伝えることって、同じ文章を伝えるにしてもメールとはまた全然違う印象を与えます。直接話すのともまた違う。特に、直接話すと少し感情的になってしまいがちな話題は、お手紙を書くのがおすすめです。お手紙は、時間をかけて、言葉を咀嚼（そしゃく）しながら、選びながら、ゆっくりと伝えることができるよね。直接話すと、ちょっとした感情の揺れにまかせて言葉を選ばずに発してしまって相手を傷つけたり、それがはねかえってきてあなたが傷つくことも起こりやすくなる。

　なので、誰か大切な人に、ちゃんと自分の気持ちを伝えたいときは、お手紙がいい。そして、不思議なことに直接はちょっと恥ずかしくて言えないことでも、お手紙だったら言えたりもする。

　例えば、以下のシナリオで、私ならこう書く。

シナリオ：

　弟とふたりきょうだいで、お父さんは地元でサラリーマン、お母さんは主婦で家庭を支えてる。私は本当は東京の大学に進学がしたいけど、うちは経済的にも余裕がないし、お母さんはしきりに地元の大学への進学をすすめてくる。むしろそれ以外の選択肢はない、というかんじ。

　さてどうする？

お父さん　お母さんへ

今日は、ふたりにお願いがあって手紙を書いています。

まず、いつも心配をかけてごめんね、ふたりがいつも私を
想って言葉をかけてくれていること、伝わっています。本
当にありがとう。【まず感謝と共感】

最近、エリカが東京の大学に行くんだと言って、ものすご
く勉強をし始めたの。ファッションデザインに興味があっ
て、東京にあるアートの学校に進学したいんだって。私は
てっきり、エリカも一緒に地元に残るんだと思っていたか
らびっくりしたし、すごく焦りを感じたの。私だけ、なに
も考えていないんじゃないかって。【具体的な実体験。「ど
うしてそう思うようになったのか？」を読み手がイメージ
しやすいように】

私も、もっと自分の世界を広げたい。もっといろんなこと
ができるようになりたいし、いろんな人に会ってみたい。
私もワクワクできるものを自分で見つけたい。

だから、私に東京の大学を受験させてください。今までサ
ボってきた分、お母さんとお父さんの信頼を取り戻せるよ
うにがんばるから、どうか信じて見守って、応援してほし
いです。【意志・願望】

お母さんが私に地元に残ってほしいことはわかってる。でも、私は自分の力でもっと生きてみたい。東京に住んでも、長期のお休みのときは必ず地元に帰ってくると約束します。【お母さんの懸念事項に対する自分なりの解決策と妥協案を提示】

あと、東京の大学に通うことは、お金がかかることもわかっています。だから、国公立を目指して、学費がなるべくかからないようにします。また、学校に通いながらバイトして、家賃と学費を全部お父さんに頼らなくていいように最大限努力します。【お父さんの懸念事項に対する自分なりの解決策と妥協案を提示】

私のこの言葉が本気かどうかは、ここからの私を見て判断してください。お父さんお母さんに応援してもらえるように、精一杯努力するので、見ててください。

さやか

　ポイントは、主語はいつも「私」で。「お母さんがこういったから！」とか「お父さんがこうだから！」みたいな誰かが主語になる文章ではなく、Ⅰ（私）が主語の文章で、自分の願望と、その理由を冷静に伝えるのがポイント。

親のほうだって、別に邪魔しようと思ってやってるわけでもなければ、嫌がらせしたいわけでもない。きっとあなたのことが大好きで仕方なくて、どうにか幸せな道を、なるべく堅実で確かな道を歩んでほしい、と思ってるだけ。

　だから、あなたのまっすぐな言葉で「ありがとう。でも、私はこう思っていて、お父さんやお母さんの人生と私の人生は別物なんだよ」って、あなたが、ちゃんと伝えればいい。

　もちろん、お手紙を書くだけでは信頼は得られません。あなたのその後の本気の努力と、それに見合う成長を、親御さんに見てもらわないといけません。でもそこまでできれば、きっと少しずつ、親御さんもあなたを応援してくれるようになるはず。私の父が、そうだったように。

　ね。あなたの幸せを誰よりも願っている親御さんには、ちゃんと味方になってもらおう。
　あなたの強い意志をちゃんと伝えること、その意思を裏付ける本気の努力を見せること、そして、それに見合う成長を、ちゃんと見てもらうこと。そうすれば、必ずあなたの周囲の人の反応は変わってきます。そして、あなたが受験で良い成果を残せる確率がぐんと上がります。長い道のりになるけど、がんばろうね。

試験当日の心得

　さて、いよいよ試験当日がやってきた！　いま、どんな気持ち？　まだまだ時間が足りない……！と焦ってる？それとも「やれることはやりきったぞ、さあ来い！」という感じ？

　今まであなたが一生懸命がんばってきたことは知っています。がんばった分、実力もちゃんとついているでしょう。その実力を本番でしっかり発揮できるようにしたいね。しかし、発揮できるかどうかはほんの少しのきっかけで左右されてしまったりします。人間って本当に繊細だよね。そこで、受験直前と当日のことについて少しお話ししておきます。

【朝型に変えよう】
　元々朝型な人は変える必要ないのだけど、私のように夜型だった人は、遅くとも試験の２週間前くらいから朝型に切り替えて！　なぜかというと、あなたの本番である試験が、朝から始まるから。その時間帯に、あなたの脳がフル活動できるように慣れさせておいたほうが良い。
　夜型の人って、朝は頭が働かなくてボーっとしちゃうことない？（私がそう）。試験でそんなことが起きてはたまっ

たもんじゃない。ので、試験直前は、夜12時には寝て、6時には起きる、というルーティーンを作っておくこと。

【「新しいことをする」は避けよう】

試験直前とか当日とかって、気張りすぎちゃっていつもと違うことをしてしまいがち。でもこれは間違いで、試験直前だって、やることは一緒だよ。もうわかるよね。そう、「宝探し」です。試験直前だからって、いつもと違うことをやる必要はなくて、今までやってきたことを信頼して、落ち着いて同じことをやればいいよ。

ただ、あなたのレベルが上がっているから、宝探しのレベルが上がるだけ。前は覚えていたのに、時間が経って忘れてしまっているものが本番に出てくると超悔しいので、そういう視点でも復習をしてね。頭から抜けてしまっているものを発見して、頭に戻す作業。

このように、試験直前はむしろ今までやってきたことを整理する、という意識を持つべきタイミングです。張り切って新しいことを始めたりしなくてOKだよ。

【試験当日を再現しよう】

最近、ボクシング界でもはや伝説となりつつある井上尚弥選手ってね、スパーリング（試合形式で行う練習のこと。みんなの模試みたいなものだね）も上半身裸でやるんだって。スパーリングは本番ではないので、井上選手以外の選手は、普通はTシャツなどを着てやるものらしい。では、

なぜ井上選手は上半身裸でやるのか？ 「本番も上半身裸だから」なんだよね。

つまり、普段の練習に、どこまで本番を想定して取り組んでいるか……という姿勢が、本番でのパフォーマンスを左右する。ここを本気でやっている人は、本番で実力通り、もしくは実力以上の成果を出せる。

　究極、試験本番に着る予定の服装と髪型で、試験で使う予定のシャーペンと消しゴムで、志望校の過去問をやる。もっというと、朝ご飯ももう一週間前くらいからまったく同じでいい。「慣れきったルーティーン」に緊張感を持って取り組むことで、実力を発揮しやすくなります。

【マズイ状況を予行練習しておこう】

　井上尚弥選手からの学びをもうひとつ。彼は、ダウンしたときのこと（マズイ状況）を想定して、片膝をついて8カウントまで数えて（10カウントまでいったら負けちゃう）立ち上がる、という練習を何度もしているらしい。本番で乗り越えられないとマズイ状況をわざわざ練習の時から想定して、それに対してどう対処するかをイメージトレーニングしているわけだ！　すごすぎだね。

　じゃあ、私たちも井上選手と同じように練習しておこう。あなたにとって、試験本番で起きたらマズイ状況ってなんだろう？　例えば、わからない問題がはじめの方にいきな

り出てきて、頭が真っ白になってテンパっちゃったら。マズイね。全体の点数にかなり響く。

　こうなったらどうするか。一旦ペンを置いて、深呼吸して、自分ができる問題を探して解く、が良さそう。この練習をあらかじめしておくと、本番で同じようなことが起きても落ち着いて対処できる。試験直前は特に緊張感が高まっている頃なので、より本番に近い精神状態でこの練習ができるので良いね。

【とんかつは食べないでおこう】

「試験に勝つ！」とか言ってとんかつを試験前日の夕飯とかにお母さんに作ってもらう人が多いようだけど、脂っこいものはパフォーマンスを全力発揮したいときにはあまり向かないです。

　それよりかは、もう少しヘルシーで胃もたれしないものの方が良い。普通にごはん、味噌汁、煮物、お野菜お肉お魚（揚げない）をバランスよく摂って。もし自分がものすごく気分が上がる食べ物があるならそれを食べていくのもいいけど、身体って正直なので、消化にエネルギーをたくさん使うものを食べると、脳で使えるエネルギーが減っちゃうので注意。

【「緊張」は良いサイン】

　さて、ここでは受験直前に、もう一度じっくり読み返し

てほしいことを書きますね。

　もし、今あなたが、「受からなかったらどうしよう……」とか、「緊張しすぎて吐きそう……」と思っているなら。
　よくがんばったね。その緊張や不安は、あなたがこれまで本当に一生懸命頑張って、たくさん成長したという、なによりもの証です。だって、「できることはやった！」と胸を張って言えるほどは頑張れなかった自覚がある人や、もしあなたが今「まあ、どうせ無理だろうな……」とダメ元で受験に臨もうとしているのだとしたら、そんな緊張や不安は、感じるはずがないんだから。

　私は慶應受験の直前、もう緊張してプレッシャーに押し潰されそうで、毎日吐きそうになってました。1年半、毎日必死でがんばってきた。もう勉強しすぎて死ぬんじゃないかなって不安になって、「勉強しすぎ　死んだ人」で検索したときもあったくらい。それくらいがんばってきたのはすべて、慶應に行って、自分の人生を変えるため。その運命のときがいよいよ迫ってきた今、「ダメだったらどうしよう……」って、受験直前はもう、不安で仕方なかった。

　だから、坪田先生に「先生、私今プレッシャーで押し潰されそうなんだけどどうしたらいい？　うまくいかなかったらどうしよう……」って、正直に話してみたのね。そしたら、「ほう、さやかちゃんもプレッシャーを感じるよう

になったかあ、成長したね」って、嬉しそうに私に言ったんです。

　さやかちゃんがこの塾に来た頃、あのビリでギャルだった頃は、「慶應に受からなかったらどうしよう」なんて、１ミリも思わなかったでしょう？

　そのときは、今から自分が登ろうとしている山が遠すぎて、どれくらい高くてでっかい山かなんてわからなかったんだよ。だから、プレッシャーなんて感じることはなかったはずだよ。

　でも、毎日一生懸命勉強して、努力して、ちゃんと実力をつけていくうちに、気づいたらその山はもう目の前に来ていて、君は自分が今越えようとしている山が、どれだけデカくて高い山かを、はっきり見えるようになった。

　だから今緊張しているのだし、不安やプレッシャーを感じている。**そういう感情は、その山を実際に越えられる人、もう半分越えているような人しか、感じないものなんだ。よく、こんなところまで来たね、本当によくがんばったよ。**

　私は、先生のこの言葉をきいて、すっごくホッとしたのを今でも覚えてる。**緊張しているってことは、もうあと少しでそのゴールに到達できるところまで来てるってこと。プレッシャーを感じているってことは、それだけ、自分がものすごく成長したということ。**

　だから、あなたがもしいま不安で仕方ないのなら、ああ、本当によくがんばってきたよねって、自分を褒めてあげてください。

　大丈夫。あなたはできることは全部やってきた。
　あとは、風邪をひいたりしないように、体調を整えて、リラックスして、当日に備えればいいよ。

これから受験を
するあなたへ

これまで、受験で合格するためのモチベーションの上げ方や戦略、実践の仕方や環境の整え方について色々とお話ししてきました。

　最後に、一番伝えたいことを言うね。

　私は、もちろん、あなたが志望校に合格することを心から願っています。

　だからこの本を書きました。

　でもね、重要なのは、もし仮に合格できなかったとしても、それは受験に「失敗」したということには、絶対にならないんだよ、っていうことです。

　特に、「やれることはやりきった！」と胸を張って言えるくらい努力ができた受験は、結果がどうであれ、それはどうやっても失敗にはならないんです。

　なぜかというと、その挑戦をしたあなたは、ものすごく成長しているはずだからです。

「失敗するかもしれないから」と言って挑戦しなかったかもしれないあなたと、「絶対に受かってやる！」と、周りになんと言われようと飛び込んで努力してきたあなたとでは、もうほとんど別人みたいに違うんです。

　だから、「失敗するかもしれないから受験しないでおこう」というのは、まったく合理的ではないよね。

　挑戦することで少しでもあなたが成長するなら、いずれにしても挑戦したほうが良いに決まっているんです。

　私が第一志望の慶應文学部から不合格通知を受け取った
とき、「ああ、あれだけ努力してダメだったんなら、きっ
とそこに行く運命ではなかったんだ」って、なんだか驚く
ほど冷静に受け止められた自分がいたんです。

　このとき、なぜあんなに受かりたかった慶應文学部に落
ちたのにこんなに潔く受け入れられたのかというと、もう
自分から見える世界が、ビリでギャルだった1年半前とは、
まったく違っていたからなの。

　一生懸命勉強して、たくさんのことを学んで、そのプロ
セスで自信もついた。

　結局そのあと、慶應の総合政策学部に合格して慶應に入
学したわけなんだけど、私の人生は慶應に受かったから変
わったんじゃない。

　憧れられる大人に出会って、やりたいこと、行きたい場
所を見つけて、「やれることはやりきった！」と胸を張っ
て言えるくらい努力する経験ができたから、私の世界は音
を立てて広がっていったんです。

　人はみんな結果ばかりを気にします。

　だから受験に「成功した」とか「失敗した」なんて言わ
れるんだね。

　でも、結果よりも重要なのは「プロセス」であるという
ことを、どうか忘れないでほしいです。

　受験の結果よりも、あなたがそこを目指す過程の中で、

なにを学んで、どんなふうに変化して、なにを感じて、どれだけ成長できたかのほうが、はるかに価値があります。

だから、やれることをやりきったなら、結果がどうであっても、あなたは確実に成長していて、もう、以前の自分とは違っているのだということを、どうか誇らしく思ってほしいです。

努力は必ず報われるわけじゃない。

これは、どれだけ努力をしたって、いつも望んだ結果が得られるとは限らないということです。

でも、努力するという経験は、確実にあなたの中のなにかを変えます。

それが積み重なっていくと、必ずあなたの人生の選択肢が広がります。

見える景色が違ってきます。

付き合う人も、周囲の環境も、変わってくるはずです。

受験に受かるかどうかではなく、あなたが目標を持って死ぬ気で頑張った経験そのものが、あなたの一生の宝モノになるはずなのです。

だから、安心して力を尽くしてください。

その先には、行き止まりも崖も待ち受けてはいません。

いろんな世界につながる道が、あなたの前に広がっているだけです。

親御さんへ

勉強し始めて1年が経った頃でしょうか。

　辛くてもうやめたいって、母に泣きついたことがあります。

　こんなにがんばってるのに、まだ慶應の問題を見てもちんぷんかんぷんで、坪田先生が言ってることは本当なんだろうか、本当に私、大丈夫なんだろうかって、不安で仕方なくなって、涙が止まらなくなってしまった時期がありました。

　模試の帰り道、会場まで車で迎えに来た母にやつあたりをしました。

　なんでこんなこと始めちゃったんだろう、こんな無謀なこと、みんなが言うとおりやらなきゃよかった。

　私はどうせやっぱりバカなんだって、車の中で大泣きしました。

　そしたら、母が言ったんです。

「さやちゃん、そんなに辛いなら、もうやめちゃおうよ。ここまでもう十分、がんばったよ。坪田先生に感謝だねぇ、きっとさやかはまた別のワクワクできることを、見つけられるよ。だから、もうやめちゃって、美味しいものでも食べようよ」

　そう言って、今日はサムゲタンを作る！　と張り切りだ

して、三越に買い出しに行って、ふたりでサムゲタンを作って食べたのを、覚えています。

　母は、私が「慶應に行く！　あの塾に通うんだ!!」と言いだしたとき、私以上に喜んで、「絶対大丈夫！　さやちゃんなら絶対慶應に行けるよ！」と抱きしめてくれました。
　そして、私が坪田先生の塾に通えるように、決して安くない塾代をかき集めてくれました。

　私と弟と妹のためにコツコツ積み立てていた学資保険を解約して、父に内緒でパートに出るようになりました。
　後で知りましたが、それでも足りなかった分は、親戚に頭を下げて借金までしたんだそうです。

　そこまでやって、応援してくれていた母です。
　それなのに、私が「やめたい」と言ったら、「じゃあもうやめちゃおう！」って、あれは駆け引きなんかじゃなくて、たぶん本当にそう思って、言ったんです。

　この母がいたから、私はがんばれた。
　いつも、結果ではなくて、私を、見てくれるんです。
　私しか、見てないんです。
　母は、私が慶應に受かるかどうかなんて、本当にどうでもよかったんです。

ただ、坪田先生に出会ったあの日、私がすごく嬉しそうに、「慶應に行くんだ！」と言って家に帰ってきて、ああちゃんはそれが本当に嬉しかったんだそうです。

　ああ、さやかがやっと心からワクワクできるものに出会えたんだ。

　今日はなんて素晴らしい日なんだろうって、思ったんだそうです。

「子どもたちが、ワクワクできるものを、自分の力で見つけられる人になってほしい」

　ああちゃんは、私たちが小さなときから、そうやって育ててくれました。

　私がなにか失敗したりして落ち込んでると、
「さやちゃんすごいねえ、またたくさんのことを学んだねえ。きっとこの経験は、さやちゃんが幸せになるために必要なことだったんだよ、ありがたいねえ」

　といつも言いました。

　だから、私はだんだんと、なにが起きても「失敗」と思えなくなってきて、これもまた必要なことだったんだろうな、次はこうすればいいって、わかったもんな、って思えるようになったんです。

　今、きっとこの本を、大切な誰かを思い浮かべながら読んでくださっているんだろうと、思います。

　そんなあなたに、私からお願いです。

　どうか、子どもたちが安心して挑戦ができるように、親御さんが心から、お子さんを信頼してあげてほしいです。

　あなたがどんな選択をしても、どんな結果になっても、あなたを信じているから大丈夫だよって、ずっしりと、ズドーンと、構えてあげていてほしいです。

　そして、結果ではなくプロセスを、お子さんの中で起こっている変化と成長を見逃さず、認めてあげてほしいです。

　どんな結果になっても、お子さんがその結果を前向きに受け入れて、また自分の足で歩いていけるように、よくがんばったねって、抱きしめてあげてほしいです。

　そういう環境があれば、どんなことが起こっても、彼らはまた自分で立ち上がって、自分の意思で自分の人生を切り開いていくことができるはずなんです。

　子どもたちにとって、周りの大人から受けとる言葉は、良くも悪くも、本当に大きな威力を持っています。
　それはもう、洗脳と言ってもいいくらい、子どもたちが子どもたち自身をどう捉えるか、世界をどう捉えるのかの基盤になります。

坪田先生の『才能の正体』という本に、こんな一節があります。

＜自分に合っていない、ふさわしくない場所でいくら頑張っても、物事は身につきません。「才能がある」と言われている人たちは、"その人に合った"動機づけがまずあって、そこから"正しいやり方"を選んで、"コツコツと努力"を積み重ねている。＞

その子の能力が発揮できる領域と環境、そしてやり方が、必ずあります。まだ本人と周囲が、それに気づいていないだけのこと。

まずは親御さんが、お子さんの才能を信じてあげてください。

持って生まれたものは、ひとりひとり違うのは事実です。

みんな個性を持っています。

だからこそ、万人に当てはまる、夢のような環境や教育なんてありません。

でも、誰だって昨日の自分より、今日少しだけ成長することはできるんです。

その可能性を、否定しないであげてください。

他人と比較したり、結果や点数で判断したりするのでなく、お子さん自身を見てあげてください。

失敗は、もっとうまくできるようになるために必要なス

テップだと、本人が思えるような環境を作ってあげてください。

　そうしたら必ず、その子の才能が見えてきます。

　そして彼らの一番の理解者で、応援団で、ファンで、いてあげてください。

　子どもにとって、それほど心強く、嬉しくて、あったかいことはないですから。

おすすめ
教材リスト

【高校生】

［英語］

■文法

『ひとつずつ すこしずつ ホントにわかる 中1英語』（新興出版社啓林館）

『ひとつずつ すこしずつ ホントにわかる 中2英語』（新興出版社啓林館）

『ひとつずつ すこしずつ ホントにわかる 中3英語』（新興出版社啓林館）

『できた！ 中1英語 文法（中学基礎がため100%）』（くもん出版編集部）

『できた！ 中2英語 文法（中学基礎がため100%）』（くもん出版編集部）

『できた！ 中3英語 文法（中学基礎がため100%）』（くもん出版編集部）

『ビリギャル式 坪田塾の英文法ノート』（KADOKAWA）

『ジーニアス総合英語 第2版』（大修館書店）

『即戦ゼミ11 大学入試 ベストポイント 英語頻出問題740 [最新三訂版]（即戦ゼミ11）』（桐原書店）

『基礎英文法問題精講 4訂版』（旺文社）

『大学入試英語頻出問題総演習（即戦ゼミ） 最新六訂版』（桐原書店）

『大学受験スーパーゼミ 全解説 実力判定 英文法ファイナル問題集 標準編』（桐原書店）

『大学受験スーパーゼミ 全解説 実力判定 英文法ファイナル問題集 難関大学編』（桐原書店）

■精読

『英文和訳演習 入門篇』（駿台文庫）

『英文和訳演習 基礎篇』（駿台文庫）

『基礎英文問題精講 4訂版』（旺文社）

『基礎英語長文問題精講 3訂版』（旺文社）

■速読

『英語長文レベル別問題集2 初級編【改訂版】』（ナガセ）

『英語長文レベル別問題集3 標準編【改訂版】』（ナガセ）

『英語長文レベル別問題集4 中級編【改訂版】』（ナガセ）

『英語長文レベル別問題集5 上級編【改訂版】』（ナガセ）

『英語長文レベル別問題集6 最上級編【改訂版】』（ナガセ）

■単語

『データベース 1700 使える英単語・熟語 [3rd Edition]』（桐原書店）

『データベース 3300 基本英単語・熟語』（桐原書店）

『データベース 4800 完成英単語・熟語』（桐原書店）

『データベース 5500 合格英単語・熟語：レベル別・テーマ別マスター』（桐原書店）

『英単語ターゲット 1900 6訂版』（旺文社）

『英熟語ターゲット 1000 5訂版』（旺文社）

『システム英単語〈5訂版〉』（駿台文庫）

『システム英熟語〈5訂版〉』（駿台文庫）

■英作文

『必修編 英作文のトレーニング』（Z会編集部）

『実戦編 英作文のトレーニング 改訂版』（Z会編集部）

■リスニング

『大学入学共通テスト英語　リスニング実践対策問題集』（旺文社）

[数学]

『新課程 チャート式　基礎と演習　数学Ⅰ＋Ａ』（数研出版）

『新課程 チャート式　基礎と演習　数学Ⅱ＋Ｂ』（数研出版）

『新課程 チャート式　基礎と演習　数学Ⅲ』（数研出版）

『新課程 チャート式　基礎と演習　数学Ｃ』（数研出版）

『新課程 チャート式　解法と演習　数学Ⅰ＋Ａ』（数研出版）

『新課程 チャート式　解法と演習　数学Ⅱ＋Ｂ』（数研出版）

『新課程 チャート式　解法と演習　数学Ⅲ＋Ｃ』（数研出版）

『大学への数学 1対1シリーズ』（東京出版）

『高校ひとつひとつわかりやすくシリーズ』（学研プラス）

[国語]

■現代文

『出る順「中学受験」漢字1580が7時間で覚えられる問題集 [さかもと式] 見るだけ暗記法』（大和出版）

『中学国語力を伸ばす語彙 1700』（文英堂）

『新版完全征服 大学入試 現代文キーワード 500 改訂版』（桐原書店）

『できた！　中1国語　読解（中学基礎がため100%）』（くもん出版編集部）
『できた！　中2国語　読解（中学基礎がため100%）』（くもん出版編集部）
『できた！　中3国語　読解（中学基礎がため100%）』（くもん出版編集部）
『中学国語出口のシステム読解』（水王舎）
『出口式　現代文　新レベル別問題集0　スタートアップ編【改訂版】』（水王舎）
『出口汪現代文講義の実況中継(1)　実況中継シリーズ』（語学春秋社）
『出口汪現代文講義の実況中継(2)　実況中継シリーズ』（語学春秋社）
『出口汪現代文講義の実況中継(3)　実況中継シリーズ』（語学春秋社）
『出口式　現代文　新レベル別問題集3　標準編』（水王舎）
『出口式　現代文　新レベル別問題集4　中級編』（水王舎）
『出口式　現代文　新レベル別問題集5　上級編』（水王舎）

■古文

『マドンナ古文単語230　パーフェクト版』（Gakken）
『基礎からのジャンプアップノート　古典文法・演習ドリル　改訂版』（旺文社）
『古文上達　基礎編　読解と演習45』（Z会）
『古文上達　読解と演習56』（Z会）
『GROUP30で覚える古文単語600』（語学春秋社）

■漢文

『基礎からのジャンプアップノート　漢文句法・演習ドリル　改訂版』（旺文社）
『漢文道場　入門から実戦まで』（Z会）

［理科］
■生物

『高校これでわかる基礎問題集　生物基礎』（文英堂）
『高校これでわかる基礎問題集　生物』（文英堂）
『新課程　リードLightノート生物基礎』（数研出版）
『新課程　リードLightノート生物』（数研出版）
『生物［生物基礎・生物］基礎問題精講　五訂版』（旺文社）

■化学

『高校これでわかる基礎問題集　化学基礎』（文英堂）
『高校これでわかる基礎問題集　化学』（文英堂）
『新課程2024　実戦　化学重要問題集　化学基礎・化学』（数研出版）

■物理

『高校これでわかる基礎問題集 物理基礎 』（文英堂）

『物理［物理基礎・物理］基礎問題精講 五訂版』（旺文社）

■地学

『くわしくてわかりやすい地学基礎問題集』（河合出版）

『ひとりで学べる地学 新版』（清水書院）

［社会］

■日本史・歴史総合

『角川まんが学習シリーズ 日本の歴史』（KADOKAWA）

『ビリギャル式 坪田塾の日本史ノート』（KADOKAWA）

『詳説日本史』（山川出版社）

『山川一問一答 日本史』（山川出版社）

『歴史総合 近代から現代へ 歴総707』（山川出版社）

『これならわかる！ ナビゲーター日本史シリーズ』（山川出版社）

『日本史探究授業の実況中継シリーズ』（語学春秋社）

■世界史

『角川まんが学習シリーズ 世界の歴史』（KADOKAWA）

『神余のパノラマ世界史 古代〜近代へ パワーアップ版 』（学研教育出版）

『神余のパノラマ世界史 近現代 パワーアップ版』（学研教育出版）

『詳説世界史』（山川出版社）

『山川一問一答 世界史』（山川出版社）

『これならわかる！ ナビゲーター世界史シリーズ』（山川出版社）

『世界史探究授業の実況中継シリーズ』（語学春秋社）

■地理

『山岡の地理B教室 PARTⅠ』（ナガセ）

『山岡の地理B教室 PARTⅡ』（ナガセ）

『大学受験対策用 地理データファイル』（帝国書院）

■政経

『改訂版 大学入学共通テスト 政治・経済の点数が面白いほどとれる本』
（KADOKAWA）

【中学生】

［英語］
■文法
『ひとつずつ すこしずつ ホントにわかる 中1英語』（新興出版社啓林館）
『ひとつずつ すこしずつ ホントにわかる 中2英語』（新興出版社啓林館）
『ひとつずつ すこしずつ ホントにわかる 中3英語』（新興出版社啓林館）
『できた! 中1英語 文法（中学基礎がため100%）』（くもん出版編集部）
『できた! 中2英語 文法（中学基礎がため100%）』（くもん出版編集部）
『できた! 中3英語 文法（中学基礎がため100%）』（くもん出版編集部）

■長文
『ハイパー英語教室 中学英語長文1、2』（桐原書店）

■単語
『新STEP式 中学英単語2100』（受験研究社）

■上位者
『みるみるわかるステップ式 中1～中3』（都麦出版）
『最高水準問題集 特進 英語長文』（文英堂）
『最高水準問題集 特進 英文法英作文』（文英堂）
『データベース3300 基本英単語・熟語』（桐原書店）

［数学］
『ひとつずつ すこしずつ ホントにわかる 中1数学』（新興出版社啓林館）
『ひとつずつ すこしずつ ホントにわかる 中2数学』（新興出版社啓林館）
『ひとつずつ すこしずつ ホントにわかる 中3数学』（新興出版社啓林館）
『チャート式中学数学 中1』（数研出版）
『チャート式中学数学 中2』（数研出版）
『チャート式中学数学 中3』（数研出版）
『いっきに極める 分数の計算』（くもん出版）
『最高水準問題集 特進 中3数学』（文英堂）

[国語]
『出る順「中学受験」漢字1580が7時間で覚えられる問題集 [さかもと式]
見るだけ暗記法』（大和出版）
『中学国語力を伸ばす語彙1700』（文英堂）
『できた！　中1国語 読解(中学基礎がため100%)』（くもん出版編集部）
『できた！　中2国語 読解(中学基礎がため100%)』（くもん出版編集部）
『できた！　中3国語 読解(中学基礎がため100%)』（くもん出版編集部）
『中学国語出口のシステム読解』（水王舎）
『毎日のドリル 文章読解 小2, 4, 6』（学研プラス）
『サイパーシリーズ（主語述語、指示語 上下）』（認知工学）
『最高水準問題集 特進 中学国語』（文英堂）

[理科]
『中学総合的研究問題集 理科』（旺文社）

[社会]
『中学総合的研究問題集 社会』（旺文社）

EPILOGUE

受験はゴールではなく、
ひとつの通過点にすぎない。

でもその通過点に向かって、
「どれくらい本気を出せたか」
によって、その後の人生が変わるのも事実。

人生はチャレンジの連続。
大きなチャレンジを乗り越えれば、
次はもっと大きなチャレンジができるから。

だから「全力でやりきった！」って
自信を持って言えるようなチャレンジを、
これからいっぱい経験してください。

その経験の数々は、
あなたを知らない世界に導いてくれるし、
あなたをいろんな人に出会わせてくれる。
そして、
あなたの中に " 一生ぶれない軸 " を
築いてくれます。

もちろん途中で辛くなったり、
不安になったりするときも、きっとあるよ。

でも、「がんばり方」を知った今のあなたなら
大丈夫。
これからどんな道を、どんなふうに進むかは、
すべて自分次第なんだ、と信じて。

ビリギャルは、奇跡でもなんでもない。

誰にでも起こり得る出来事だということを、
あなたが証明してください。

最後に、私が恩師からもらった言葉を、
今度は、私からあなたに贈ります。

Where there's a will, there's a way.
Do your best and leave the rest to fate!

ビリギャル本人 さやか

参考文献／資料

『いらないヤツは、一人もいない：45歳で含み損社員にならないための10ヵ条』
高橋俊介：著（祥伝社）

『才能の正体』坪田信貴：著（幻冬舎）

『地頭力を鍛える 問題解決に活かす「フェルミ推定」』
細谷功：著（東洋経済新報社）

『はじめて受ける人のための IELTS 総合対策スピードマスター 入門編』
嶋津幸樹：著（Jリサーチ出版）

教育のスゴい論文『「快適な」学習のために〜認知負荷理論入門』
https://note.com/sugo_ron/n/na8d0916b1f55

STUDY HACKER『地頭って何？ どうすれば鍛えられるの？"地頭ブームの火つけ役"に聞いてみた。』
https://studyhacker.net/jiatama-toha-nanika

東洋大学公式HP『医学博士に聞く、記憶力・学習力アップに影響する脳機能「シナプス可塑性」とは？』
https://www.toyo.ac.jp/link-toyo/life/synapticplasticity/

Bandura, A. (1977).
Self-efficacy: toward a unifying theory of behavioral change.
Psychological review, 84(2), 191.
https://doi.org/10.1037/0033-295X.84.2.191

Cowan, N. (2008).
What are the differences between long-term, short-term, and working memory?
Progress in brain research, 169, 323-338.
https://doi.org/10.1016/S0079-6123(07)00020-9

Csikszentmihalyi, M. (1988).
The flow experience and its significance for human psychology.
Optimal experience: Psychological studies of flow in consciousness, 2, 15-35.
https://doi.org/10.1017/CBO9780511621956.002

Dweck, C. S. (2006).
Mindset: The new psychology of success.
New York: Random house Inc.

Hanushek, E. A., Kain, J. F., Markman, J. M., & Rivkin, S. G. (2003).
Does peer ability affect student achievement?
Journal of applied econometrics, 18(5), 527-544.
https://doi.org/10.1002/jae.741

Murre, J. M., & Dros, J. (2015).
Replication and analysis of Ebbinghaus' forgetting curve.
PloS one, 10(7), e0120644.
https://doi.org/10.1371/journal.pone.0120644

Paas, F., & van Merriënboer, J. J. G. (2020).
Cognitive-load theory: Methods to manage working memory load in the
learning of complex tasks.
Current Directions in Psychological Science, 29(4), 394–398.
https://doi.org/10.1177/0963721420922183

Ramirez, G., & Beilock, S. L. (2011).
Writing about testing worries boosts exam performance in the classroom.
Science (New York, N.Y.), 331(6014), 211–213.
https://doi.org/10.1126/science.1199427

Ryan, R. M., & Deci, E. L. (2001).
On happiness and human potentials: A review of research on hedonic and
eudaimonic well-being.
Annual Review of Psychology, 52, 141–166.
https://doi.org/10.1146/annurev.psych.52.1.141

Ward, A. F., Duke, K., Gneezy, A., & Bos, M. W. (2017).
Brain drain: The mere presence of one's own smartphone reduces available
cognitive capacity.
Journal of the association for consumer research, 2(2), 140-154.
https://doi.org/10.1086/691462

Wigfield, A., & Eccles, J. S. (2000).
Expectancy–value theory of achievement motivation.
Contemporary educational psychology, 25(1), 68-81.
https://doi.org/10.1006/ceps.1999.1015

HP｜https://birigal.biz/

X｜@sayaka03150915

Instagram｜@syk03150915

YouTube｜ビリギャルチャンネル

note｜https://note.com/sayaka_suto

ビリギャル本人 さやか
（小林さやか）

1988年、名古屋市生まれ。高校2年の時に出会った恩師、坪田信貴氏の著書『学年ビリのギャルが1年で偏差値を40上げて慶應大学に現役合格した話』（通称：ビリギャル）の主人公。慶應大卒業後、ウェディングプランナーを経て、"ビリギャル本人"としての講演や執筆活動などを展開。2019年4月より、聖心女子大学大学院へ進学、21年3月修了。22年9月より、米国コロンビア大学教育大学院の認知科学プログラムに留学、24年5月修了。
著書に『ビリギャルが、またビリになった日 勉強が大嫌いだった私が、34歳で米国名門大学院に行くまで』（講談社）がある。

memo

memo

memo

memo

私はこうして勉強にハマった

2024 年 7 月 15 日 初版発行
2024 年 9 月 11 日 第 4 刷発行（累計 2 万 8 千部）

著者　　　ビリギャル本人 さやか
執筆協力　　坪田信貴

ブックカバー
口絵イラスト　Mar
デザイン　　井上新八
挿絵　　　　山田コロ／内山祥子
似顔絵　　　ビリギャル本人 さやか

営業　鈴木愛望／市川聡
広報　岩田梨恵子
編集　橋本圭右

発行者 鶴巻謙介
発行所 サンクチュアリ出版
〒113-0023 東京都文京区向丘 2-14-9
TEL：03-5834-2507 FAX：03-5834-2508
https://www.sanctuarybooks.jp/
info@sanctuarybooks.jp

印刷・製本　株式会社シナノ